Elke Mölle

Kraftvolle Fürbitte

Mit Freude und Fokus beten

Elke Mölle

KRAFTVOLLE Fürbitte

Mit Freude und
Fokus beten

SCM
R.Brockhaus

SCM

Stiftung Christliche Medien

SCM R.Brockhaus ist ein Imprint der SCM Verlagsgruppe,
die zur Stiftung Christliche Medien gehört, einer gemeinnützigen Stiftung,
die sich für die Förderung und Verbreitung christlicher Bücher,
Zeitschriften, Filme und Musik einsetzt.

MIX
Papier | Fördert gute Waldnutzung
FSC® C084279
FSC www.fsc.org

Max-Eyth-Str. 41 · 71088 Holzgerlingen
Internet: www.scm-brockhaus.de; E-Mail: info@scm-brockhaus.de

Lektorat: Dr. Ulrike Schilling
Umschlaggestaltung: Astrid Shemilt, www.astridshemilt.com
Moodboard: Sybille Koschera
Titelbild: Mann: gettyimages © proxyminder; Wüste: Ruben Bagues, unsplash
Gestaltung Aktivierungen: Erik Pabst, www.erikpabst.de
Satz: typoscript GmbH, Walddorfhäslach;
Fotografien: Unsplash.com
Autorenfoto: Wolfgang Wimmer

Druck und Bindung: Print Consult GmbH
Gedruckt in Tschechien
ISBN 978-3-417-00062-7
Bestell-Nr. 227.000.062

INHALT

ES GIBT HOFFNUNG!

Die Welt ist im Chaos: Pandemie, Kriege, Wirtschaftskrise – und trotz alledem gibt es einen göttlichen Plan, der funktioniert. Gott ist nicht nervös. Er hat keine Kopfschmerzen und ist auch nicht ratlos angesichts der Probleme der Welt. Er hat einen Plan, und er weiß, dass dieser göttliche Masterplan gelingt. Deshalb kann er ganz entspannt über die vergeblichen Pläne seiner Feinde lachen (Psalm 2). Es ist vollbracht, Jesus hat am Kreuz gesiegt, und uns, die wir an ihn glauben, baut er in seinen großen Plan einfach mit ein. Er ist sich ganz sicher, dass sein Wort und sein Geist in uns die Welt überwinden werden. Gott kennt sich und seine Kraft, deshalb macht er sich keine Sorgen. »Dies habe ich zu euch geredet, damit ihr in mir Frieden habt. In der Welt habt ihr Bedrängnis; aber seid guten Mutes, ich habe die Welt überwunden« (Johannes 16,33). Gott sucht Menschen, die ihm das einfach glauben. Menschen, die sich keine Sorgen machen, sondern gelernt haben, alle ihre Anliegen im Gebet vor Gott zu bringen und glaubensvoll gleich dafür zu danken, dass er sich darum kümmern wird. So können sie völlig im Frieden leben.

» Seid um nichts besorgt, sondern in allem sollen durch Gebet und Flehen mit Danksagung eure Anliegen vor Gott kundwerden; und der Friede Gottes, der allen Verstand übersteigt, wird eure Herzen und eure Gedanken bewahren in Christus Jesus.
Philipper 4,6-7

Ist das nicht ein erstrebenswertes Leben? Gott sucht Fürbitter, die mit ihm seine Pläne auf der Erde durchsetzen. Lässt du dich rufen? Möchtest du teilhaben an der Weltregierung Gottes? Möchtest du lernen zu beten und Wunder zu sehen? Dann ist dieses Buch für dich. Lass dich rufen und sei ein Fürbitter, der seinen Gott kennt, sich stark erweist und entsprechend handelt.

> » Aber das Volk, das seinen Gott kennt, wird sich stark erweisen und entsprechend handeln.
> *Daniel 11,32b*

Bestimmte Bibelstellen und Schlüsselaussagen werden euch im Buch immer wieder begegnen. Da halte ich es mit Paulus, der gesagt hat, dass es ihm nicht verdrießlich ist, der Gemeinde immer wieder dasselbe zu schreiben, weil es Festigkeit und Gewissheit hervorbringt (Philipper 3,1).

Willkommen zu einem spannenden Leben als Mitarbeiter der allerhöchsten Weltregierung.

1

Wanted: Fürbitter

Das ist schon erstaunlich, dass der große, souveräne Gott, der alles weiß und alles kann, uns aktiv an seiner Weltregierung beteiligen möchte. Martin Luther hat es so formuliert:

> » So wie wir Handlanger Gottes werden, der uns ernähren will, wenn wir auf dem Felde arbeiten, säen und ernten, so wirken wir an seiner Weltregierung mit, wenn wir beten. Unser Gebet ist das Werkzeug, das Gott zur Ausführung seiner Pläne gebraucht, so wie er Vater und Mutter mithelfen lässt, wenn er neues Leben schafft.[1]

Mitwirkung an der Weltregierung Gottes? Ist Gott nicht souverän? Ist er nicht allmächtig? Er könnte doch auch alles alleine machen, ohne uns. Ja, das könnte er tatsächlich. Aber dann wären wir Menschen nur unbedeutende, willenlose Geschöpfe, Schachfiguren, die man hin und her schiebt. Gott will uns aber nicht klein und dumm halten. Er gibt uns eine unglaubliche Würde als Gegenüber auf Augenhöhe, obwohl wir im Vergleich zu ihm doch nur kleine, zerbrechliche und unvollkommene Menschen sind. Diese unfassbare Wahrheit hat auch David in Psalm 8 besungen:

> » Wenn ich anschaue deinen Himmel, deiner Finger Werk, den Mond und die Sterne, die du bereitet hast: Was ist der Mensch, dass du seiner gedenkst, und des Menschen Sohn, dass du dich um ihn kümmerst? Denn du hast ihn wenig

> geringer gemacht als Engel, mit Herrlichkeit und Pracht krönst du ihn. Du machst ihn zum Herrscher über die Werke deiner Hände; alles hast du unter seine Füße gestellt.
> *Psalm 8,4-7*

Warum sind wir Menschen Gott so wichtig? Wir sind seine Geschöpfe, wir wissen nicht sehr viel, wir sehen meistens hauptsächlich das, was in der sichtbaren Welt vor sich geht, und manchmal nicht einmal das. Wir haben einen sehr begrenzten Intellekt und einen engen Horizont. Wir sind weit davon entfernt, fehlerfrei zu sein. Wir sind nicht besonders zuverlässig und manchmal untreu. Wir können nicht an zwei Sachen gleichzeitig denken und sind schnell überfordert. Und doch liebt Gott uns Menschen. Er liebt uns so sehr, dass er uns einen freien Willen gegeben hat, der es uns sogar ermöglicht, uns gegen Gott aufzulehnen, gegen ihn zu arbeiten und seine Liebe zu verschmähen. Denn Liebe ist nicht möglich ohne den freien Willen der Liebenden. »Gott ist Liebe, und wer in der Liebe bleibt, bleibt in Gott und Gott bleibt in ihm«, schreibt der Apostel Johannes in seinem ersten Brief (1. Johannes 4,16b).

Gott ist nicht an unserer Arbeit für ihn interessiert, sondern an unserer Liebe zu ihm.

Gott glaubt so sehr an die Macht seiner Liebe, dass er das Risiko eingegangen ist, uns jede Entscheidungsfreiheit zu geben. Er möchte keine Marionetten oder Sklaven haben, sondern echte Freunde. Gott liebt uns als Söhne und Töchter, die zur Mündigkeit heranreifen sollen. Ja, er stellt sich in der Bibel sogar als Bräutigam vor und bezeichnet uns, alle Menschen aus allen Völkern und Stämmen und Sprachen, die mit ihm leben wollen, als seine Braut. In Freundschaften, in der Beziehung zwischen Eltern und Kindern und in der Beziehung zwischen Braut und Bräutigam geht es in erster Linie um Liebe und Vertrauen, um Augenhöhe und nicht um Macht. Gott ist nicht an unserer Arbeit für ihn interessiert, sondern an unserer Liebe zu ihm. Er will keine Roboter, die er vorher programmiert hat, damit sie seinen Willen ausführen. Er möchte eine echte Beziehung. Und diese basiert auf Freiwilligkeit. Liebe ist freiwillig. Vertrauen ist freiwillig. Hingabe ist freiwillig. Gott zielt immer auf unser Herz ab, nicht auf unsere Arbeitskraft oder unsere Nützlichkeit.

Lasst uns mal schauen, was die Bibel dazu zu sagen hat.

Habe ich ein Fürbitter-Herz?

- Ich bin ein Kind Gottes.
- Ich liebe Gott und er liebt mich – mein Herz zieht mich zu ihm.
- Ich genieße meinen freien Willen, und der sagt mir: »Ich will meinem Gott ganz und gar vertrauen!«

GOTT UND DU – EIN DREAM-TEAM

Durch die ganze Bibel zieht sich der rote Faden, dass Gott und die Menschen ein Team sind. Angefangen bei der Schöpfungsgeschichte sehen wir, dass Gott, der in sich selbst Liebe und Gemeinschaft ist, beschlossen hat, Menschen zu machen nach seinem eigenen Bild:

» Und Gott sprach: Lasst uns Menschen machen als unser Bild, uns ähnlich! Sie sollen herrschen über die Fische des Meeres und über die Vögel des Himmels und über das Vieh und über die ganze Erde und über alle kriechenden Tiere, die auf der Erde kriechen! Und Gott schuf den Menschen als sein Bild, als Bild Gottes schuf er ihn; als Mann und Frau schuf er sie.
1. Mose 1,26-27

Er setzte sie in einen wunderschönen Garten und ließ sie dort nicht allein, sondern er suchte ihre Nähe und verbrachte Qualitätszeit mit ihnen. Sie hatten den Auftrag, als Repräsentanten Gottes über die Erde und alle Geschöpfe zu herrschen und die Schöpfung liebevoll zu verwalten und zu gestalten (1. Mose 1,28). Gott und Mensch vereint, ohne Trennung, ohne Angst, ohne Scham und zur gegenseitigen Freude und Zusammenarbeit, das war das Paradies. Leider ging diese innige Verbindung durch den Sündenfall in die Brüche, und die Menschen wurden aus dem Paradies vertrieben. Aber Gottes Geschichte mit den Menschen war deshalb noch lange nicht zu Ende.

Als nächstes lesen wir in den Büchern des Alten Testamentes, dass Gott Frauen und Männer suchte, die ihm treu waren, und dass Gott sich ein Volk auserwählte, mit dem er seinen Plan zur Vollendung bringen konnte. Er erwählte Abraham und dessen Nachkommen Isaak und Jakob, dieses Volk zu sein, durch das er alle Nationen auf Erden bis heute segnen will und durch das er sich allen Menschen zeigen will. Durch dieses auserwählte Volk brachte Gott schließlich seinen menschgewordenen Messias hervor, der das Erlösungswerk vollendet hat. Durch seinen Tod am Kreuz und seine Auferstehung hat Jesus Christus, der Sohn Gottes, wahrer Mensch und wahrer Gott, die Trennung zwischen Gott und den Menschen wieder aufgehoben. Er hat es möglich gemacht, dass Menschen jetzt Söhne und Töchter Gottes werden und Gott ganz nahekommen können. Denn nach seiner Auferstehung sandte Gott den Heiligen Geist, die dritte Person der Gottheit, der jetzt in jedem Menschen Wohnung nimmt, der von Neuem geboren ist.

> Gott gebraucht menschliche Fürbitter, damit der Wille Gottes auf der Erde wie im Himmel geschehen kann.

Nun wohnt Gott in seinen Söhnen und Töchtern und wirkt durch menschliche Hände, um zu heilen. Er gebraucht menschliche Stimmen, um durch sie zu sprechen, und menschliche Fürbitter, damit der Wille Gottes auf der Erde wie im Himmel geschehen kann.

Vielleicht denkst du dir gerade: »Okay, Gott, das bringt mich jetzt ganz schön unter Druck. Was passiert, wenn ich nicht aufmerksam bin und nicht mitbekomme, was du sagst? Was passiert, wenn ich dich falsch verstehe? Und wenn mir gerade einfach alles zu viel ist und ich mich nicht auch noch um die Weltregierung kümmern kann? Das ist echt ein bisschen viel verlangt, Gott!« Aber da kann ich dich beruhigen. Im Buch des Propheten Jesaja lesen wir über die Geburt des Messias: »Denn ein Kind ist uns geboren, ein Sohn uns gegeben, und die Herrschaft ruht auf seiner Schulter; und man nennt seinen Namen: Wunderbarer Ratgeber, starker Gott, Vater der Ewigkeit, Fürst des Friedens« (Jesaja 9,5). Sei also ganz entspannt, die Herrschaft ruht auf *seiner* Schulter, nicht auf deiner.

Aktivierung

LEG DIE LAST-DER-WELT-SCHWERE AB!

Am besten, du schüttelst gleich mal die Last von deinen Schultern ab. Immer, wenn du merkst, dass sich die Last der ganzen Welt auf deine Schultern legen will, schüttele sie sofort ab und sprich laut die Wahrheit aus Gottes Wort aus: »Die Herrschaft liegt auf deiner Schulter, Herr Jesus! Deine Schultern sind breit und stark genug dafür. Du bist der Herr der ganzen Welt. Du bist der Retter. Ich bin es nicht!«

Manchmal muss man das mehrmals am Tag machen. Das ist ganz wichtig, denn als Fürbitter müssen wir unbedingt lernen, keine Lasten mit uns herumzuschleppen. Gib die Last immer wieder an Jesus zurück, er hat genug Kraft, Autorität und Weisheit, um sich darum zu kümmern.

Wenn ich an unsere Mitwirkung an der Weltregierung Gottes denke, habe ich immer das Lied »In der Weihnachtsbäckerei« von Rolf Zuckowski im Ohr. Ich glaube, mit unserer Mitwirkung bei Gott verhält es sich ein bisschen so ähnlich, wie es in diesem Lied beschrieben wird: »Zwischen Mehl und Milch macht so mancher Knilch eine riesengroße Kleckerei in der Weihnachtsbäckerei.«[2] Backen mit Kindern bringt keine besseren Ergebnisse hervor als Backen ohne Kinder. Wenn du mit kleinen Kindern Weihnachtsplätzchen backst, dann kann ich dir garantieren, dass es durch die Hilfe der kleinen Kinder nicht schneller gehen wird. Die Plätzchen werden auch nicht akkurater und schöner, die Küche sieht hinterher nicht besser aus, ganz im Gegenteil. Es kostet dich nicht weniger Kraft, als wenn du es alleine machen würdest. Aber deswegen machst du es auch nicht.

Du backst mit den Kindern, weil es ein herrlicher Spaß ist. Du traust ihnen etwas zu. Du verbringst Qualitätszeit mit ihnen. Du schenkst ihnen ein Erfolgserlebnis. Sie fühlen sich ernst genommen. Sie haben Anteil an dem Ergebnis eurer gemeinsamen Mühe. Du schenkst ihnen wunderschöne Erinnerungen an gemeinsam verbrachte Zeit. Es gibt ein echtes Ergebnis, an dem die Kinder einen wesentlichen Anteil haben. Auch wenn die Plätzchen nicht perfekt geformt sind, schmecken sie genauso lecker, und ohne Beteiligung der Kinder hätte es diese Kekse nicht gegeben. Und wenn du dann in die strahlenden Kinderaugen schaust, findest du, der Aufwand hat sich mehr als gelohnt.

Man kann es nicht oft genug hören, lesen und sagen, dass Gott uns unfassbar lieb hat und dass er es liebt, mit uns zu leben, mit uns zu arbeiten und eine enge Beziehung zu uns zu haben. Er hat sich aus Liebe dafür entschieden, mit uns zusammen die Welt zu regieren, weil er gerne mit uns lebt und sein Herz mit uns teilt. Ja, wir werden Dinge anbrennen lassen, und wir werden

Fehler machen. Und manchmal sogar eine »Riesenkleckerei«. Aber das ist von Gott einkalkuliert und disqualifiziert uns nicht. Gott ist ein Meister darin, unsere Fehler auszubügeln und sogar noch etwas Wertvolles daraus zu machen. Er will nicht deshalb mit uns zusammenarbeiten, weil es dann besser und schneller geht, sondern weil er so gerne etwas mit uns gemeinsam macht und uns Anteil geben möchte an seinem Blick für die Welt, für die Nationen, für die Menschen, die er liebt. Er möchte, dass wir ihn kennenlernen und sein Herz und seine Motive verstehen. Gott nimmt uns tatsächlich ernst und gibt uns durch diese Beteiligung an seiner Weltregierung unvorstellbare Würde. Er bezieht uns mit ein, weil er uns zu mündigen Söhnen und Töchtern ausbilden möchte.

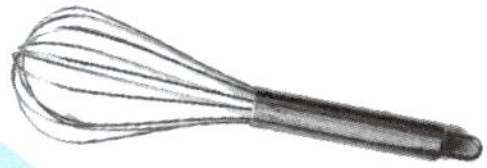

Aktivierung

LEICHTIGKEITS-KEKSE BACKEN

Zutaten:
125 g weiche Butter
125 g brauner Zucker
175 g Weizenmehl
1 Ei
1 gestrichener TL Backpulver
100 g Schokoladentropfen

Zubereitung:
Alle Zutaten in einer Rührschüssel vermengen. Aus dem Teig kleine Kugeln formen und auf einem Backblech verteilen, Platz zwischen den Keksen lassen. Bei 180 °C für 7 Minuten backen. Aus dem Ofen holen und auskühlen lassen.

GEISTLICHES TRAINING IM ALLTAG

Bei den Jüngern geschah geistliches Training mitten im Alltag, während sie mit Jesus zusammen waren und verschiedene Situationen mit ihm durchlebten. Sie sahen seine Gewohnheiten und erlebten seine Reaktionen auf Geschehnisse. Und Jesus kommentierte ihre Verhaltensweisen und das, was sie sagten. So konnten sie ihn kennenlernen und immer besser verstehen, auf was es ihm ankam.

Erinnern wir uns an die Situation, in der Jesus mit den Jüngern auf seinem Weg nach Jerusalem eine Nacht in einem Dorf der Samaritaner verbringen wollte. Die Einwohner ließen sie aber nicht im örtlichen Hotel übernachten. Das machte Johannes und Jakobus sehr wütend, und sie schlugen Jesus allen Ernstes vor, Feuer vom Himmel regnen zu lassen, wie einst Elia, und das ganze Dorf zu verzehren. Jesus tadelte sie scharf, weil sie sein Herz für die Menschen noch gar nicht verstanden hatten (Lukas 9,51-55). So lernten die Jünger Jesus besser kennen, Tag für Tag.

Heute ist Jesus nicht mehr als Mensch sichtbar auf der Erde, aber der Heilige Geist wohnt in uns. Jesus ist der Meinung, dass das sogar noch eine viel bessere Ausgangssituation ist als die der Jünger. Er sagt den Jüngern: »Es ist gut, wenn ich zurückgehe zu meinem Vater im Himmel, denn dann kann der Heilige Geist kommen. Und er kann gleichzeitig in jedem von euch wohnen, euch an alles erinnern, ja euch sogar alles ganz genau erklären, was ich gesagt habe. Dann werdet ihr verstehen. Er wird in euch wohnen und euch das verkünden, was kommt!« (Vgl. Johannes 16,7-13). Und genauso ist es gekommen.

Der Heilige Geist fiel auf die Jünger und machte sie zu mutigen Verkündigern, die keine Verfolgung mehr fürchteten. Aus den ängstlichen Jüngern, die sich versteckt hatten aus Angst, auch getötet zu werden, und die erst nach der Auferstehung überhaupt verstanden, wie der Heilsplan Gottes aussieht, wurde eine junge Gemeinde, die mit Kraft erfüllt war und den ganzen Erdkreis in Aufruhr versetzte (Apostelgeschichte 17,6). Dasselbe gilt heute auch für dich und mich. Der Heilige Geist in uns befähigt uns, Fürbitter zu sein nach dem Herzen Gottes. Er lehrt uns, das Herz Gottes für Menschen, Städte und Nationen zu verstehen. Er macht uns aufmerksam auf Situationen, die dem Willen Gottes nicht entsprechen. Er hilft uns zu beten, damit der Wille Gottes hier auf der Erde geschehen kann, genauso wie im Himmel.

Aktivierung

DANKEN UND VISUALISIEREN

Nimm dir Zeit, dem Vater zu danken, dass er Jesus auf die Erde gesandt hat, um uns zu erlösen. Danke Jesus, dass seine Erlösung vollkommen ist und dass er die Beziehung zum Vater wiederhergestellt hat. Danke ihm, dass der Heilige Geist jetzt in dir wohnt, und zwar in deinem Körper (1. Korinther 6,19).

Und jetzt visualisiere das einmal mit geschlossenen Augen. Schau mit den Augen des Geistes und sieh, wie der Heilige Geist in dir wohnt und dir näher ist, als dir je ein Mensch sein könnte. Der Beistand, der Anwalt, der Helfer, der Tröster, der Lehrer, der, der dich führt und leitet, dessen Kraft durch dich in der Welt wirkt, wohnt in dir. Du bist erfüllt mit dem Heiligen Geist, er wird dich in alle Wahrheit führen. Danke dem Heiligen Geist dafür.

Halte fest, was dir im Geist vor den inneren Augen stand. Welche Szene, welches Bild, welche Emotionen, welche Farben, welche Worte hast du gesehen, wahrgenommen, gehört?

AUF DEN PUNKT

Gott bezieht uns mit ein in seine Weltregierung, weil er nichts ohne uns machen möchte. Er will, dass wir sein Herz für die Welt kennenlernen und seinen Blick auf Situationen teilen. Das zeichnet mündige Söhne und Töchter aus. Diese Position, die Gott uns gibt, verleiht uns eine unglaubliche Würde. Gott nimmt uns ernst. Wir sind wichtig für ihn. Er liebt uns, und er liebt es, mit uns zu leben und Gemeinschaft und Nähe zu uns zu haben.

Dennoch liegt die Herrschaft allein auf seinen Schultern. Die Last der ganzen Welt trägt er, das könnten wir gar nicht. Wir sind ja nicht Gott. Und bei allem Mitwirken an Gottes Weltregierung sollten wir nicht aus den Augen verlieren: Gott ist derjenige, der die Wunder tut. Es ist Gottes Kraft, die die Durchbrüche und Veränderungen bewirkt. Es ist seine Autorität, vor der sich Mächte und Gewalten in der Himmelswelt beugen. Unsere Beteiligung ähnelt dann letztendlich doch mehr der Rolle der Kinder bei der Weihnachtsbäckerei.

2

Der Ort der Begegnung

Gott ist in sich selbst schon Beziehung: Vater, Sohn und Heiliger Geist. Er ist ein naher Gott, er beobachtet uns nicht aus der Ferne. Er ist nicht viel zu beschäftigt, um sich mit uns zu befassen. Er ist nicht gestresst und hat auch keine Kopfschmerzen, weil er mit der Komplexität des menschlichen Dilemmas überfordert ist. Nein, er ist völlig entspannt und souverän, weil er weiß, dass sein Erlösungsplan funktioniert. Das lesen wir in Psalm 2. Und er ist nahbar für uns, zugänglich, und das jederzeit! Wir können jederzeit zuversichtlich zu ihm kommen, zum Thron der Gnade. Dort werden wir mit Barmherzigkeit und Gnade beschenkt und bekommen rechtzeitige Hilfe (Hebräer 4,16).

GOTT LIEBT NÄHE

Gott will uns ganz nahe sein, unfassbar nahe. Jesus, der Sohn Gottes, der König der Könige, wollte selbst Mensch werden, um sich komplett mit uns zu identifizieren. Der Heilige Geist kommt uns noch näher, er wohnt sogar in uns, in unserem Körper! Durch die ganze Geschichte Gottes mit der Menschheit zieht sich dieser rote Faden: ein Gott, der den Menschen nahe sein will. Die Initiative geht dabei immer von ihm aus. Er schafft Wege, wie wir ihm nahe sein können.

Im Hohelied heißt es, dass der Bräutigam seine Hand durch die Türöffnung streckt und damit die Gefühle seiner Braut für ihn erweckt (Hohelied 5,4). Das Hohelied ist ein sehr poetisches Liebeslied, das die Liebe zwischen Braut und Bräutigam beschreibt, aber schon immer auch auf die Liebe zwischen Gott und seinem Volk gedeutet wurde. Gott, der Bräutigam, zeigt etwas von sich, er lässt uns etwas von seiner Schönheit sehen und erweckt dadurch unsere Liebe für ihn. Auch wenn es nur eine ganz zarte Ahnung ist, Gott wertet das als echte Liebe.

Gott will uns Menschen nahe sein. Die Initiative geht dabei immer von ihm aus.

Damit Gott uns nahe sein kann, hat er sogar sein Leben gegeben. Radikaler geht es nicht. Er wünscht sich, dass wir auf seine Initiative reagieren. Glaube ihm seine Liebe für dich. »Und wir haben erkannt und geglaubt die Liebe, die Gott zu uns hat!« (1. Johannes 4,16).

Wenn du das innere Bild hast, dass Gott weit weg ist und du ihm immer hinterherläufst, um ihm zu begegnen, er sich dir aber immer entzieht, dann wisse, dass das nicht der biblische Befund ist. Das ist nicht Gottes Wesen. Da hast du etwas aus deinen menschlichen Erfahrungen auf Gott projiziert, das kannst du gleich verwerfen und umdenken. Wir brauchen alle eine Erneuerung der Gedanken, was unser Gottesbild betrifft, auch wenn wir in der Theorie wahrscheinlich alles richtig ankreuzen würden. Was da noch für schräge Glaubenssätze über Gott in unserem Unterbewusstsein sind, zeigt sich oft mitten im Alltag, besonders aber dann, wenn wir in eine Krise kommen.

Gott ist immer da. Und er hat die wunderbare Erlösung vollbracht, damit wir 24/7 im Königreich Gottes, also in seiner Gegenwart, in seinem Lebensraum mit ihm leben können. Das Problem ist nur: Ganz oft sind wir nicht da. Wir sind entweder in der Vergangenheit oder in der Zukunft. Ganz selten sind wir wirklich im Hier und Jetzt. Aber die Begegnung und die Beziehung mit Gott findet immer im Hier und Heute statt. Unsere Beziehung mit Gott ist heute. Nicht gestern und auch nicht morgen.

Ich habe immer den Eindruck, dass wir geistlich gesehen so etwas wie Reptilien sind. Wir haben keine eigene Temperatur, wir sind wechselwarm und brauchen immer erst eine Berührung von Gott, um ihn überhaupt lieben zu können. Wie eine Eidechse müssen wir erst von der Sonne bestrahlt werden, um uns bewegen und leben zu können. Und das brauchen wir jeden Tag neu. Gott hat das extra so gemacht, weil er mit uns leben will, jeden Tag, jede Minute, jede Sekunde.

Hast du schon einmal bemerkt, dass die Begegnung, die du gestern mit Gott hattest, auch wenn sie noch so intensiv war, dich heute nicht mehr sättigt? Es ist so wie mit dem Manna in der Wüste, das war auch immer nur einen Tag gut. Jeden Morgen mussten die Israeliten es neu sammeln. Ich kenne mich gut genug, um zu wissen: Wenn ich heute eine Begegnung mit Gott haben könnte, die mich eine Woche lang sättigt, würde ich erst in einer Woche wieder die Begegnung mit dem Herrn suchen. Wir haben aber nichts aus uns selbst. Wundere dich also nicht, wenn du heute wieder leer bist und neu von Gott gefüllt werden musst, und zwar den ganzen Tag, immer wieder. Das ist ganz normal. Genauso hat Gott es sich gedacht. Er ist der Schöpfer, wir sind seine Geschöpfe, und wir leben von ihm. Wir sind abhängig von ihm, und das in jedem Bereich unseres Lebens. Wir leben von jedem Wort aus seinem Mund, jedem Blick aus seinen Augen und jeder Berührung seiner Hand.

Die Begegnung und die Beziehung mit Gott findet immer im Hier und Heute statt.

Aktivierung

Manchmal werden Dinge deutlich, wenn wir sie bildlich darstellen. Ich bin selbst keine besonders begabte Zeichnerin, aber es genügt schon, wenn du auf Strichmännchen-Niveau deine inneren Vorstellungen aufs Papier oder aufs Tablet bringst.

SKIZZIERE DEIN GOTTESBILD.

Male dich in einer Alltagssituation oder in einer Stresssituation. Male dann Jesus als Person dazu, so wie du es im Moment fühlst. Wo ist er? Wie nahe ist er? Wie weit musst du laufen, um zu ihm zu kommen? Ist er dir zugewandt? Was macht er?

Jetzt male dich und Jesus so, wie du es aus seinem Wort weißt: dass er dir nahe ist und dass du nie mehr alleine bist. Du kannst auch einen Bibelvers nehmen, der dir wichtig ist, und ihn in deine Alltagssituation hineinmalen. Durch das Malen machst du sichtbar, was du für innere Bilder hast.

Überprüfe, ob diese Bilder mit dem Wort Gottes übereinstimmen. Wenn nicht, male noch ein Bild und mache dadurch geistliche Realitäten für dich sichtbar. Das Wort Gottes muss in unserem Alltag landen und ganz persönlich für uns wirksam werden. Das Sichtbarmachen hilft enorm dabei, auch wenn es nur ganz einfache Skizzen sind.

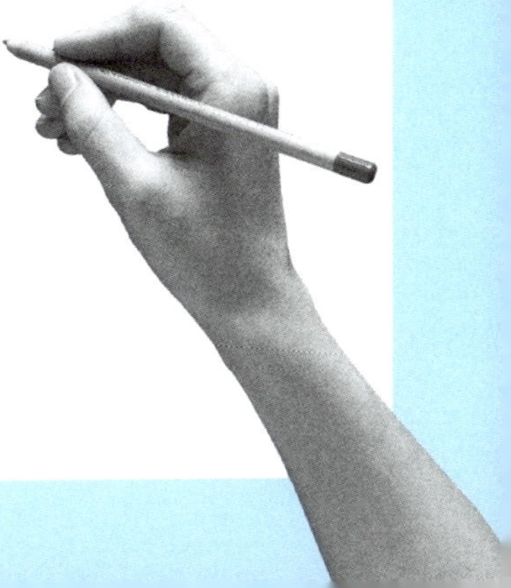

»DA HILFT NUR NOCH BETEN!«

Hast du diesen Satz schon mal gesagt oder gehört? Er klingt ein wenig so, als ob das etwas Schlimmes wäre. Die natürliche Tendenz des Menschen seit dem Sündenfall ist, unabhängig von Gott leben zu wollen. Es selbst zu schaffen, sich selbst versorgen zu wollen und Gott nicht brauchen zu müssen. Das kennt jeder von uns. Mal ganz ehrlich: Wir wollen alle gerne Wunder sehen, aber wir wollen nicht in eine Situation kommen, in der wir ein Wunder brauchen, weil wir eigentlich doch lieber selbst die Kontrolle haben und die Fäden ungern aus der Hand geben.

Aber Gott hat uns auf sich hin und für Beziehung zu ihm geschaffen, und nur wenn wir nahe bei ihm sind, erfüllen wir unsere Bestimmung und sind gesättigt und erfüllt. Er ist die Quelle, wir sind Gefäße. So wie bei manchen Springbrunnen erst einmal Wasser zugeführt werden muss, damit sie sprudeln, so brauchen wir das lebendige Wasser, das Jesus uns gibt, damit in unserem Inneren eine Quelle zu sprudeln anfängt. Das lesen wir in Johannes 4, wo Jesus mit der Frau am Jakobsbrunnen spricht.

» Jesus antwortete und sprach zu ihr: Jeden, der von diesem Wasser trinkt, wird wieder dürsten; wer aber von dem Wasser trinken wird, das ich ihm geben werde, den wird nicht dürsten in Ewigkeit; sondern das Wasser, das ich ihm geben werde, wird in ihm eine Quelle Wassers werden, das ins ewige Leben quillt.
Johannes 4,14

Wir fassen zusammen: Gott ist ein Gott, der Beziehung und Nähe zu uns sucht. Er hat uns auf sich hin geschaffen, und folglich brauchen wir die Nähe zu ihm, um Leben in Fülle zu haben. Es ist Gottes Freude, wenn wir ganz auf seine Kosten und in totaler Abhängigkeit von ihm leben. Und das gilt ganz besonders für die Fürbitter. Wenn wir nicht aus der Beziehung und Nähe zu Jesus heraus beten, werden wir ausbrennen, und Fürbitte wird zu einer schweren Last. Der Weg des Empfangens und der Abhängigkeit von Gott führt hingegen zu einem Leben in Freiheit und Fülle. Denn im Königreich Gottes gibt es keinen Mangel. Gott ist ja die Quelle und der Ursprung von allem.

Das Wichtigste ist, den Ort der Begegnung mit Gott zu kultivieren – jeden Tag!

Da wir von ihm leben, ist das Wichtigste an jedem Tag, Zeit mit dem König zu verbringen. Und zwar Qualitätszeit. Wir sind ja rund um die Uhr in seiner Gegenwart, er ist immer da, und wir können und sollen den ganzen Tag mit ihm sprechen, mit ihm arbeiten und ihn um Rat fragen. Aber in einer guten Ehe reicht es auch nicht aus, zusammen das Haus zu putzen, die Kinder zu betreuen und Rechnungen zu bezahlen, sondern es ist unbedingt nötig, exklusive Zeit zu zweit miteinander zu verbringen, in der man nicht Probleme wälzt und To-do-Listen bespricht. Zeit, in der man sich von Herz zu Herz austauscht, über die Liebe zueinander spricht und sie erlebt. Genauso ist es wichtig, solche Begegnungen jeden Tag mit unserem König zu haben. Dazu müssen wir den Ort der Begegnung mit Gott kultivieren.

DER ORT DER BEGEGNUNG IST UNSER HERZ

Die Bibel beschreibt unser Herz als einen Ort der Begegnung, wie einen wunderschönen Garten der Antike. Ein Lustgarten, ein Ort von Schönheit und Luxus, ein Ort für den König und seine Braut. Wir lesen davon im Hohelied.

» Ein verschlossener Garten ist meine Schwester, meine Braut, ein verschlossener Born, eine versiegelte Quelle. Was dir entsprosst, ist ein Lustgarten von Granatapfelbäumen samt köstlichen Früchten, Hennasträuchern samt Narden, Narde und Safran, Würzrohr und Zimt samt allerlei Weihrauchgewächsen, Myrrhe und Aloe samt allerbesten Balsamsträuchern. Eine Gartenquelle bist du, ein Brunnen mit fließendem Wasser und Wasser, das vom Libanon strömt. Wach auf, Nordwind, und komm, Südwind! Lass duften meinen Garten, lass strömen seine Balsamöle! Mein Geliebter komme in seinen Garten und esse seine köstlichen Früchte!

Hohelied 4,12-16

Das ist eine Beschreibung von Qualitätszeit mit Jesus. Es ist keine sachliche Arbeitsbesprechung, wo du mit deinem Arbeitgeber deine To-do-Liste durchgehst. Es ist eine emotionale Begegnung zwischen Braut und Bräutigam. Kannst du dir vorstellen, dass solche Herz-zu-Herz-Begegnungen mit deinem König deinen Alltag und deine Fürbittezeiten zum Glitzern bringen können?

Eine solche Beziehung möchte der Herr mit uns haben. Mit allen von uns, die wir mit ihm leben wollen. Wir sind seine Braut, Menschen aus allen Sprachen und Völkern. Wir sind die Frucht und die Belohnung für seine Leiden. Wir und alle Menschen, die noch dazukommen sollen. Lerne, Gott zu genießen, denn das ist deine höchste Berufung und der Sinn deines Lebens.

Der Westminster-Katechismus bringt es auf den Punkt: 1. Frage: Was ist die vornehmste und höchste Bestimmung des Menschen? Antwort: Die vornehmste und höchste Bestimmung des Menschen ist, Gott zu verherrlichen und ihn vollkommen zu genießen in alle Ewigkeit.

Aktivierung

DEIN HERZENSGARTEN

Kennst du diesen Ort in dir, von dem Hohelied 4 spricht?

Nimm dir jetzt Zeit, deinen Herzensgarten zu visualisieren, und sieh mit den Augen des Geistes, wie er beschaffen ist. Halte hier schriftlich fest, was du gesehen und erlebt hast. Wie hat es sich angefühlt? Ist das ein Ort, den du gerne mit Jesus aufsuchst? Wie sieht er aus? Welche Elemente gibt es? Welche Düfte? Welche Farben? Was fehlt vielleicht noch?

Vielleicht möchtest du dir auch in deiner Wohnung einen Ort der Begegnung einrichten. Wenn du wenig Platz hast, reicht es oft schon, eine Ecke in einem Zimmer schön mit Kerzen, Blumen und Kissen zu gestalten, sodass du dort gerne Zeit mit Jesus verbringst. Schreibe deine Ideen auf.

MEHR ALS ALLES ANDERE BEHÜTE DEIN HERZ

Kein Wunder, dass uns Sprüche 4,23 auffordert, mehr als alles andere unser Herz zu bewahren, denn darin entspringt die Quelle des Lebens. Sorge dafür, dass dein Herzensgarten gepflegt und kultiviert wird. Dass er nicht von Unkraut überwuchert wird. Suche ihn regelmäßig auf, der König wartet schon auf dich.

Jesus Christus ist das Leben in Person. So stellt er sich vor, als der Weg, die Wahrheit und das Leben (Johannes 14,6). Angeschlossen an Gott, die Quelle des Lebens, wird unser Leben versorgt sein mit allem, was wir brauchen. Dann werden wir sein wie der Baum von Psalm 1, der an Wasserbächen gepflanzt ist und der unabhängig von äußeren Bedingungen grün und saftig ist und Frucht bringt.

Teresa von Ávila, eine spanische Karmelitin, Mystikerin und Kirchenlehrerin aus dem 16. Jahrhundert, hat diese Wahrheit auch entdeckt. Sie hat es mit einem anderen Bild beschrieben: »Denn wenn ich wie jetzt in Wahrheit erkannt hätte, dass in diesem winzigen Palast meiner Seele ein so großer König Platz hat, dann hätte ich ihn meines Erachtens nicht so oft allein gelassen.«[3]

Lass den großen König nicht alleine in diesem kleinen Palast und Lustgarten in deinem Herzen. Diese Beziehung ist das Fundament, auf dem unser Gebet aufbaut.

Wenn du schon einmal mit dem Flugzeug geflogen bist, dann sind dir bestimmt die Sicherheitsanweisungen der Flugbegleiter vertraut. Einer dieser Hinweise bezieht sich auf die Sauerstoffmasken, die im Falle eines Druckverlustes in der Kabine automatisch nach unten fallen. Wichtig ist hier, dass man sich zuerst selbst die Sauerstoffmaske aufsetzt, bevor man Kindern oder Hilfsbedürftigen hilft, sich die Maske aufzusetzen. Warum? Weil es sonst sein kann, dass man selber bewusstlos wird und dann niemandem mehr geholfen wer-

Gebet ist wie Einatmen und Ausatmen.

den kann. Ähnlich ist es bei Gott. Wenn wir nicht zuerst selbst von ihm versorgt sind, können wir anderen nichts weitergeben.

Gebet ist beides auf einmal, es ist wie Einatmen und Ausatmen. Beziehungspflege mit Gott und Teilhabe an der Weltregierung. Es braucht beides. Im Reich Gottes ist es oft so, dass zwei sich scheinbar widersprechende Wahrheiten gleichzeitig wahr sind. Wie zwei Seiten einer Medaille. Ohne zuerst Luft eingeatmet zu haben und die Lungen gefüllt zu haben, kann man nicht ausatmen. Achte darauf, dass du gefüllt bist und aus dem Überfluss deiner Begegnungen mit Gott dich in der Fürbitte an seiner Weltregierung beteiligst. Dein Gebetsleben soll nicht einseitig werden.

AUF DEN PUNKT

Die Beziehung und die Nähe zu Gott sind die Grundlagen und Voraussetzungen für die Fürbitte. Dazu ist es wichtig, Qualitätszeit mit Jesus zu verbringen. Nicht nur Arbeitsbesprechungen, sondern Herz-zu-Herz-Begegnungen mit dem großen König. Das ist das, was Gott sich wünscht, denn er ist ein naher Gott. Es hat ihn alles gekostet, es möglich zu machen, dass wir wieder in seiner Gegenwart leben können.

So lasst uns mehr als alles andere unser Herz behüten, damit dort die Begegnung mit dem König stattfinden kann.[4] Angeschlossen an die Quelle des Lebens fängt die Quelle in unserem Inneren an zu sprudeln. Lasst uns zuerst einatmen, damit wir ausatmen können. Unsere Fürbittezeiten sollen aus der tiefen Freundschaft und Intimität mit Gott hervorkommen.

3

Wer herrscht über die Erde?

Als meine Kinder klein waren, etwa im Kindergartenalter, war die wichtigste Frage: Wer ist der Bestimmer? Das war so im Sandkasten, in der Puppenecke, im Garten, im Hof mit den anderen Kindern, in der Familie. Wer hat hier das Sagen? Wer darf bestimmen, was gemacht wird und was nicht. Wer ist der Chef? Da wurde mitunter auch mal zu rabiateren Mitteln gegriffen, um sich gegen die anderen zu behaupten. Mit zunehmender Reife laufen die Machtkämpfe leiser ab, aber diese Frage ist uns von klein auf wichtig.

Wenn mehrere Menschen zusammen sind, kristallisiert sich in der Regel schnell heraus, wer das Alphatierchen ist. In einer Firma, in der Bundeswehr, in der Schule, in der Familie – überall gibt es Hierarchien. Mal ganz deutlich, mal subtiler.

Die Machtfrage spielt eine große Rolle – vom Kinderzimmer bis zum Staat.

Das Miteinander der Menschen in einer Gesellschaft braucht Regeln und Leiter, die die Einhaltung der Regeln überwachen und durchsetzen. Sonst herrscht schnell Chaos und Gesetzlosigkeit. Anarchie bringt Unruhe, Unsicherheit und Ungerechtigkeit hervor. Wenn das Recht des Stärkeren gilt, gibt es keine Gerechtigkeit mehr, und Menschen leiden unter dieser Willkür.

DAS REICH GOTTES IST KEIN RECHTSFREIER RAUM

Im Reich Gottes gilt das Wort Gottes, des Königs. Die unsichtbare Welt ist kein rechtsfreier Raum, in dem Willkür regiert. Auch hier gibt es Gesetze. Auch hier gibt es Rechte und Pflichten. Eines dieser Gesetze heißt: Jede Sünde fordert die Todesstrafe. »Denn der Lohn der Sünde ist der Tod, die Gnadengabe Gottes aber ewiges Leben in Christus Jesus, unserem Herrn« (Römer 6,23).

Gott ist kein Diktator, kein Tyrann, der macht, was er will. Heute so, morgen anders. In seinem Reich gibt es Gesetze, die er selbst gemacht hat und an die er sich hält. Denn es ist sein eigenes Wort. Er ist sich selbst immer treu. Was er zusagt, das hält er. Direkt am Anfang der Menschheitsgeschichte hat Gott den Menschen die Autorität gegeben, über die Erde zu herrschen.

> » Und Gott segnete sie, und Gott sprach zu ihnen: Seid fruchtbar und vermehrt euch, und füllt die Erde und macht sie euch untertan; und herrscht über die Fische des Meeres und über die Vögel des Himmels und über alle Tiere, die sich auf der Erde regen!
>
> *1. Mose 1,28*

Auch im Psalm 115,16 steht, dass der Himmel Gott gehört, aber dass er die Erde den Menschenkindern gegeben hat. Adam und Eva hätten die geistliche Autorität gehabt, die Schlange aus dem Garten zu vertreiben, denn sie hatten die Herrschaft über die Erde. Der Mensch ist selbst verantwortlich, dass alles entgleiste und die Erde heute kein Paradies mehr ist. Der Mensch ist dafür verantwortlich, dass die Schlange so mächtig werden konnte. Der Mensch hatte die Wahl.

Gott gab Adam und Eva die Macht über die Erde, und er nahm das nicht zurück, nachdem sie gesündigt hatten. Sie hatten weiterhin die Autorität über die Erde. Es war ihre Entscheidung, was mit der Erde geschah. Die Autorität Adams über die Erde war sogar so umfassend, dass er sie an andere übertragen konnte, nämlich an den Feind. Und genau das geschah, als der Mensch sich entschied, der Schlange zu glauben und nicht Gott. Als der Mensch sich nicht mehr der Güte Gottes anvertraute, sondern lieber selbst Gott sein wollte. In dem Moment ging die Herrschaft über die Erde in die Hände Satans über.

Die Autorität Adams über die Erde war so umfassend, dass er sie an andere übertragen konnte, nämlich an den Feind.

Dass das wirklich so ist, sehen wir an der Reaktion von Jesus, als der Teufel ihm in der Wüste ein Angebot machte: »Und der Teufel sprach zu ihm: Dir will ich alle diese Macht und ihre Herrlichkeit geben; denn mir ist sie übergeben, und wem immer ich will, gebe ich sie. Wenn du nun vor mir anbeten willst, soll das alles dein sein!« (Lukas 4,6-7).

Jesus widersprach ihm nicht. Er lachte nicht und sagte: »Wie bitte, du behauptest, die Herrschaft zu haben? Das ist nicht wahr, die hat mein Vater im Himmel!« Nein, Jesus wusste, dass der Teufel die Herrschaft hat. Um ihm diese wieder abzunehmen und gleichzeitig der Gerechtigkeit Gottes Genüge zu leisten, kam Jesus auf die Erde. Weil Adam und Eva gesündigt hatten, war die Konsequenz der Tod. Gott hatte ihnen gesagt: »Esst nicht vom Baum der Erkenntnis von Gut und Böse, denn die Früchte sind tödlich giftig«, aber sie waren ungehorsam. Sünde brachte den Tod in die Welt und

Gott hatte keine Wahl, als die Sünde mit dem Tod zu strafen. Gott ist Liebe und Gott ist Gerechtigkeit. Zwei Gegensätze, die eigentlich unvereinbar sind. Gott liebt die Menschen, aber er hasst die Sünde. Gottes Liebe und Gerechtigkeit fanden einen Weg, um das Dilemma zu lösen. Gott selbst kam als Mensch auf die Erde, der einzig sündlose Mensch, der in der Lage war, die Todesstrafe für die Sünden der ganzen Welt auf sich zu nehmen.

Jesus, der Sohn Gottes, kam als Mensch auf die Erde, um das zurückzuerobern, was Adam an Satan abgetreten hatte. Er kam als »letzter Adam«, wie wir in 1. Korinther 15,45 lesen, um das wiedergutzumachen, was der erste Adam angerichtet hatte. Durch seinen Tod und seine Auferstehung hat Jesus Satan komplett entmachtet. Er hat die Sünde, den Tod und den Teufel besiegt, und ihm ist nun alle Macht im Himmel und auf Erden gegeben (Matthäus 28,18).

Weil Jesus nun wieder alle Macht hat, haben auch wir in ihm alle Macht. Aber nicht losgelöst von ihm. Durch die neue Geburt sind wir »in Christus« und leben in ihm und er in uns (Galater 2,20). Wir sind versetzt in das Königreich Gottes (Kolosser 1,13) und können nun durch seine Kraft und Autorität die wunderbare Herrschaft Gottes auf die Erde bringen. Christus ist das Haupt der Gemeinde, das Haupt des Leibes (Kolosser 1,18). Er, das Haupt, ist jetzt wieder im Himmel, aber wir, sein Leib, sind hier auf der Erde und führen seinen Willen aus. So wie es bei einem gesunden Menschen normal ist, dass der Arm sich bewegt, wenn vom Gehirn der Befehl kommt, den Arm zu bewegen. In diesem Sinne führen wir als Leib Christi auf Erden den Willen Gottes durch. Wir reagieren auf seine Impulse und stimmen mit ihm überein.

Weil Jesus nun wieder alle Macht hat, haben auch wir in ihm alle Macht.

WER TRITT IN DEN RISS?

Beim Propheten Hesekiel lesen wir, dass Gott hier auf der Erde Menschen sucht, die sich in den Riss stellen für das Land, damit es nicht vom Gericht Gottes getroffen wird. Das ist der Dienst der Fürbitter. Gott sucht Fürbitter. »Und ich suchte einen Mann unter ihnen, der die Mauer zumauerte und vor mir für das Land in den Riss trat, damit ich es nicht verheerte; aber ich fand keinen« (Hesekiel 22,30).

Fürbitte hat immer mit Vermittlung und Vertretung zu tun.

Das deutsche Wort Fürbitte drückt aus, dass es darum geht, für jemanden zu bitten. Im englischen Wort *intercession* kommt die Bedeutung des Hesekiel-Wortes stärker zum Ausdruck. Das Wort *intercession* kommt vom lateinischen Wort *intercedere*, was so viel heißt wie »dazwischentreten, vermitteln«. Fürbitte hat immer mit Vermittlung und Vertretung zu tun. Adam sollte Gottes Vertreter auf der Erde sein und in seinem Sinn über die Erde herrschen und sie verantwortungsvoll verwalten. Er war der Repräsentant Gottes für alle anderen Geschöpfe. Adam war buchstäblich ein Vermittler, ein Fürbitter. Aber er hat seinen Auftrag nicht ausgeführt.

Weil Adam versagt hat, ist Jesus gekommen, der jetzt unser Mittler und Fürbitter ist und für uns in den Riss tritt. Jesus ist unser Hohepriester und Fürsprecher, also unser Fürbitter beim Vater. Es handelt sich hier aber nicht darum, dass der Vater zornig ist und Jesus ihn beschwichtigen muss, damit ihm nicht die Hand ausrutscht oder dergleichen, sondern es geht einfach um eine rechtliche Angelegenheit. Denn wir haben auch einen Ankläger. Das ist der Teufel, die Bibel nennt ihn den Ankläger der Brüder, der uns vor Gott anklagt.

Aber Jesus ist das Lamm Gottes, das die Sünden der Welt getragen und den Preis für unsere Sünde bezahlt hat. Wenn also der Ankläger kommt, dann steht Jesus als Fürsprecher auf und sagt: »Diese Schuld ist schon bezahlt, ich selbst habe die Todesstrafe dafür getragen. Diese Tochter, dieser Sohn des Königs ist gerecht, freigesprochen und ohne Schuld.« Es ist so gut zu wissen, dass Jesus selbst für uns eintritt und für uns betet. Die Bibel bezeugt diese Tatsache an vielen Stellen.

Mit unseren Fürbittegebeten machen wir uns eins mit dem Dienst unseres großen Hohepriesters und Fürbitters Jesus Christus, der für uns vor dem Thron Gottes eintritt. Wir stellen uns auf den Sieg, den Jesus vollbracht hat, und geben die Botschaft vom Sieg über den Teufel auf der ganzen Erde weiter. So ähnlich, wie die Jünger die Brote und die Fische, die Jesus vorher vermehrt hat, an die 5 000 Menschen verteilt haben.

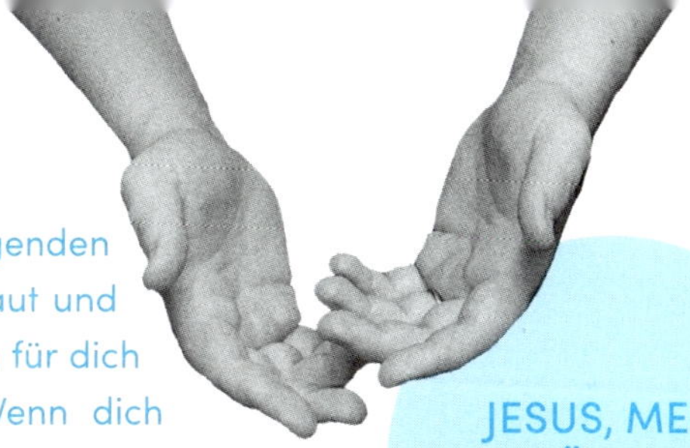

JESUS, MEIN PERSÖNLICHER FÜRBITTER

Aktivierung

Lies die folgenden Bibelstellen laut und bete sie dann für dich persönlich. Wenn dich einer oder mehrere der Verse besonders ansprechen, gestalte ein kleines Plakat oder eine Karte mit diesen Versen und bringe sie an Stellen in deiner Wohnung an, wo du sie oft siehst.

» Wer ist da, der verdammt? Christus Jesus ist es, der gestorben, ja noch mehr, der auferweckt, der auch zur Rechten Gottes ist, der sich auch für uns verwendet.
Römer 8,34

Wer will mich, ... (setze hier deinen Namen ein), verurteilen? Christus ist doch für mich, ..., gestorben, ja viel mehr noch, er ist auch auferweckt und er ist zur Rechten Gottes und dort tritt er für mich persönlich ein! Für mich gibt es keine Verdammnis mehr, keine Anklage! Das, was Jesus am Kreuz für mich, ..., getan hat, reicht aus!

» Meine Kinder, ich schreibe euch dies, damit ihr nicht sündigt; und wenn jemand sündigt – wir haben einen Beistand bei dem Vater: Jesus Christus, den Gerechten.
1. Johannes 2,1

Ich, ..., bin das geliebte Kind des Vaters. Und wenn ich gesündigt habe, habe ich, ..., einen Fürsprecher beim Vater: Jesus Christus, den Gerech-

ten! Er vergibt mir meine Sünden und schenkt mir seine Gerechtigkeit!

»

Meine Kinder, ich schreibe euch dies, damit ihr nicht sündigt; und wenn jemand sündigt – wir haben einen Beistand bei dem Vater: Jesus Christus, den Gerechten.
1. Johannes 2,1

Ich, ..., bin das geliebte Kind des Vaters. Und wenn ich gesündigt habe, habe ich, ..., einen Fürsprecher beim Vater: Jesus Christus, den Gerechten! Er vergibt mir meine Sünden und schenkt mir seine Gerechtigkeit!

WIE WIRD MAN EIN FÜRBITTER?

Zurück zu Hesekiel. Dort haben wir gelesen, dass jemand gesucht wird, der eine bestimmte Position einnimmt, jemand, der sich in den Riss in der geistlichen Mauer stellt. Fürbitte ist somit nicht in erster Linie das, was du sagst, oder wie viele Worte du beim Beten sprichst, sondern vielmehr eine Position, die du im Geist einnimmst.

Als Fürbitter eine Position einnehmen bedeutet, du stellst dich in den Riss, du überbrückst den Graben zwischen Gott und der Situation, die noch nicht dem Willen Gottes entspricht, und bittest, dass der Wille Gottes in dieser Situation, im Leben dieser Person oder in dieser Nation geschieht. Das heißt, du sprichst vor Gott aus, dass du dich in diesen Riss stellst, und dann wirst du auch immer wieder mit gesprochenen Gebeten für dieses Anliegen beten. Aber auch wenn du gerade nicht betest, bist du dennoch ein Fürbitter für dieses Anliegen.

Gott ist derjenige, der Wächter auf die geistlichen Mauern von Städten, Nationen, unserer Regierung, geistlichen Leitern, Familien, Gemeinden etc. stellt. Er gibt uns Impulse, offenbart uns Nöte, richtet unseren Blick auf die verschiedenen Bereiche und weist uns auf Dinge hin, die noch nicht seinem Willen entsprechen.

» Auf deine Mauern, Jerusalem, habe ich Wächter bestellt. Den ganzen Tag und die ganze Nacht werden sie keinen Augenblick schweigen. Ihr, die ihr den Herrn erinnert, gönnt euch keine Ruhe und lasst ihm keine Ruhe, bis er Jerusalem wieder aufrichtet und bis er es zum Lobpreis macht auf Erden!
Jesaja 62,6-7

Unsere Aufgabe als Fürbitter ist es, uns in den Riss, für den Gott uns beauftragt hat, zu stellen. Durch unsere Fürbitte-Position und unsere Gebete werden wir unsere Städte, Gemeinden, Familien und Nationen stärker im Geist sehen. Wir werden immer mehr erkennen, was Gottes Aufträge, Pläne und Berufungen sind für die Menschen, Städte und Nationen, für die wir beten. Wir werden sie mit Gottes Augen sehen. Und wir werden geistlich wach und aufmerksam sein, um mögliche Gefahren oder Dinge zu erkennen, die nicht dem Willen Gottes entsprechen, und den Willen Gottes über der Situation ausbeten zu können. Wir als Wächter auf der Mauer sollen nicht schweigen, bis das Königreich Gottes sich auf der ganzen Erde ausbreitet.

Fürbitte ist vielmehr eine Position im Geist, die du einnimmst, als die Worte, die du sprichst.

Aktivierung

DEINE POSITION ALS FÜRBITTER

Gibt es Nationen, Städte, Leiter, Familienmitglieder, Nachbarn oder Freunde, für die du ein besonderes Herz hast? Sind dir bestimmte Volksgruppen oder bestimmte Missstände in der Gesellschaft wichtig?

Betest du regelmäßig für etwas Bestimmtes?

Dann male und schreibe doch auf, wo du schon in einer Fürbitte-Position stehst und wo du denkst, dass du vielleicht in den Riss treten sollst oder willst.

Male oder schreibe den Istzustand, den du wahrnimmst, und den Willen Gottes, wie du ihn wahrnimmst, und dich dazwischen.

Achtung: Nicht jede Not ist automatisch ein Fürbitte-Auftrag. Höre genau hin, wo Gott dich platziert und wo nicht.

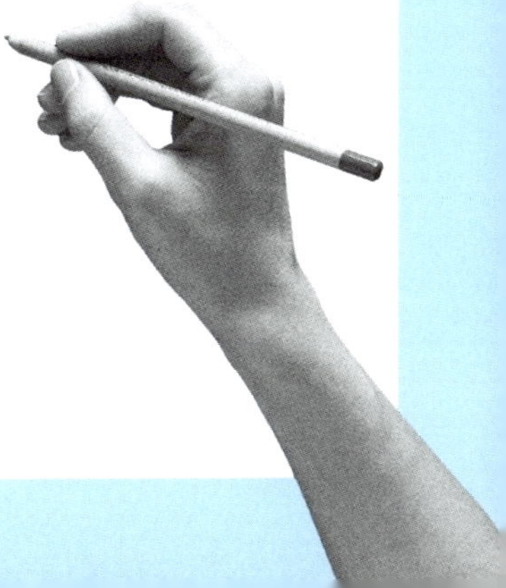

HERR, LEHRE UNS BETEN

Die Jünger haben gesehen und verstanden, dass das Geheimnis der Vollmacht und der Weisheit ihres Meisters seine Beziehung zu Gott, dem Vater, war. Sie haben beobachtet, wie er sich zum Beten zurückgezogen hat. Sie haben gesehen, dass er ständige Gemeinschaft mit seinem Vater im Himmel hatte. Deshalb haben sie ihn eines Tages gebeten, sie zu lehren, wie man betet. Und Jesus hat ihnen das Gebet gegeben, das wir als das Vaterunser bezeichnen.

»Wenn ihr betet, dann sollt ihr zu unserem Vater im Himmel beten«, hat Jesus gesagt. »Betet, dass sein Reich komme und sein Wille geschehe, wie im Himmel so auf Erden.« »Dein Reich komme; dein Wille geschehe, wie im Himmel so auch auf Erden!« (Matthäus 6,10). Das bedeutet im Umkehrschluss, dass Gottes Wille nicht automatisch auf der Erde geschieht. Bestimmt würde er nicht von uns verlangen, dass wir unsere Zeit damit verschwenden, etwas zu erbitten, was sowieso und ohne unsere Fürbitte geschehen wird.

Gott hat uns aufgetragen, um unser tägliches Brot zu bitten, und das, obwohl er unsere Bedürfnisse und Wünsche kennt, bevor wir sie ausgesprochen haben. »Unser tägliches Brot gib uns heute« (Matthäus 6,11). An einer anderen Stelle hat uns Jesus den Auftrag gegeben, dass wir beten sollen, dass er Arbeiter in seine Ernte aussendet (Matthäus 9,38).

Warum sollen wir Gott um etwas bitten, was ihm noch mehr am Herzen liegen muss als uns? Jesus sagt, dass es uns gegeben wird, wenn wir bitten. Wenn wir zu ihm kommen, um das zu erbitten, was wir brauchen oder was jemand anderes braucht, ist dies ein Ausdruck des Vertrauens und zeigt unsere Beziehung zum Vater.

» Bittet, und es wird euch gegeben werden; sucht, und ihr werdet finden; klopft an, und es wird euch geöffnet werden!

Denn jeder Bittende empfängt, und der Suchende findet, und dem Anklopfenden wird geöffnet werden.
Matthäus 7,7-8

Im Umkehrschluss sagt Jakobus, dass wir nichts haben, weil wir nicht bitten. »Ihr begehrt und habt nichts; ihr tötet und neidet und könnt nichts erlangen; ihr streitet und führt Krieg. Ihr habt nichts, weil ihr nicht bittet« (Jakobus 4,2). Könnte es sein, dass der Zustand, in dem unsere Welt sich befindet, viel mit unserer Gebetslosigkeit als Leib Christi zu tun hat?

Hat der Zustand, in dem sich unsere Welt befindet, vielleicht mit unserer Gebetslosigkeit zu tun?

Ein Baby kann noch nicht sprechen und die Eltern müssen lernen, intuitiv herauszufinden, was das Kind brauchen könnte: Milch, frische Windeln, Trost, Körpernähe. Das Baby kann noch nicht bitten, weil es dazu noch nicht in der Lage ist. Wenn das Kind heranreift, kann und soll es lernen, seine Bedürfnisse besser wahrzunehmen und sie angemessen zu äußern. Ein mündiger Sohn wird seine Wünsche und Bitten äußern als Ausdruck der Beziehung zum Vater, der so großzügig ist und dem er alles zutraut. Gott möchte Nähe und Beziehung mit uns haben und möchte, dass wir ihn bitten. Er liebt es, uns unsere Bitten zu erfüllen.

AUF DEN PUNKT

Jesus hat als der letzte Adam die Herrschaft über die Erde durch seinen Tod und seine Auferstehung wieder zurückerobert. Jetzt sind wir als sein Leib hier auf der Erde diejenigen, die im Gebet mit seinem Willen übereinstimmen und ihn bitten, dass sein Wille so wie im Himmel auch in unserer sichtbaren Welt geschieht.

Jesus, unser großer Hohepriester und Fürbitter, sucht menschliche Fürbitter, die sich in eine geistliche Fürbitte-Position begeben. Sie sollen das Reich Gottes und seinen Willen auf die Erde bringen, hinein in konkrete Situationen, Bereiche der Gesellschaft, Nationen und Familien. Dabei ist es wichtig, dass wir nicht eigenmächtig in jeden Riss springen, den wir entdecken, sondern uns von Gott selbst platzieren lassen. Jesus möchte, dass wir bitten, damit wir empfangen. Bitten ist ein Ausdruck unserer Beziehung zum Vater und unseres Vertrauens zu ihm.

4

Wirkungsvolles Gebet

Wirkungsvolles Gebet, das ist es doch, was wir uns wünschen. Wenn Gott uns durch Fürbitte Teilhabe an der Weltregierung ermöglicht, dann ist es für uns wichtig zu wissen, wie unsere Gebete ins Schwarze treffen. Gibt es etwas, was wir beachten sollten, damit unsere Gebete vollmächtig sind und erhört werden?

VOLLMACHT DURCH INTIMITÄT MIT JESUS

Als erstes ist es wichtig, dass wir uns immer wieder daran erinnern, dass unsere Vollmacht aus der Beziehung zum König kommt, nicht aus uns selbst. Unsere Nähe zu Jesus gibt uns geistliches Gewicht. All unsere geistliche Autorität kommt aus der Liebesbeziehung mit Jesus. Es ist die Liebe des Königs zu uns, seiner Braut, die ihn veranlasst, uns unsere Herzenswünsche zu erfüllen. Umso mehr, wenn unsere Herzenswünsche mit seinen übereinstimmen. Das hat auch David so erlebt. Er schreibt in Psalm 37: »Habe deine Lust am Herrn, so wird er dir geben die Bitte deines Herzens« (Psalm 37,4).

> All unsere geistliche Autorität kommt aus der Liebesbeziehung mit Jesus.

Wir, die Braut des Herrn – das sind alle Menschen aus allen Sprachen und Völkern, die Jesus lieben und unter seiner Herrschaft leben wollen – haben Gott das Herz geraubt mit einem einzigen Blick aus unseren Augen. Wir sind sozusagen unwiderstehlich für ihn. Das lesen wir im Hohelied: »Du hast mir das Herz geraubt, meine Schwester, meine Braut. Du hast mir das Herz geraubt mit einem einzigen Blick aus deinen Augen, mit einer einzigen Kette von deinem Halsschmuck« (Hohelied 4,9). Der Herr möchte, dass wir als sein Volk sein Herz und seine Herzenswünsche kennenlernen. Wir sollen lernen zu lieben, was Gott liebt.

Wenn man einen Menschen sehr gernhat, fängt man an, sich auch für das zu interessieren, was ihn oder sie interessiert. Manchmal führt das dann dazu, dass man anfängt, sich für Länder, Sprachen, Musikstile, Urlaube zu interessieren, zu denen man vorher keinen Zugang hatte. Aber weil man sie auf einmal mit den Augen der geliebten Person sieht, gewinnen diese Dinge an Bedeutung und man lässt sich anstecken von ihrer Begeisterung.

Wir finden in der Bibel eindeutige Aussagen dazu, was Gott liebt. Es sind bestimmte Eigenschaften, bestimmte Handlungen, aber mehr als alles andere gibt uns die Bibel Zeugnis davon, dass Gott Menschen liebt. Menschen sind das Kostbarste, was Gott hat. Deshalb hat er auch den höchsten Preis für sie bezahlt: sich selbst. Jeder Mensch ist genauso viel wert wie Jesus Christus, denn das ist der Preis, mit dem Gott uns freigekauft hat aus der Sklaverei der Sünde und des Todes. Lasst uns lernen zu lieben, was Gott liebt. Und lasst uns lernen, Menschen so zu lieben, wie Gott sie liebt. Das wird uns eine enorme Autorität in der Fürbitte geben.

Um herauszufinden, was Gott liebt, und es dann mit seinen Augen zu sehen und auch zu lieben, braucht es Nähe und Intimität[5] mit Jesus und seinem Wort. Dazu müssen wir lernen, ganz nahe bei ihm und in seinem Wort zu leben und zu einer Braut heranzureifen, die nur noch eine Liebe hat. Eine Braut, deren Herz ungeteilt auf den Herrn gerichtet ist. Das ist auch zugleich einer der wichtigsten Schlüssel für Gebet, das wirkungsvoll ist.

» Denn des Herrn Augen durchlaufen die ganze Erde, um denen treu beizustehen, deren Herz ungeteilt auf ihn gerichtet ist.

2. Chronik 16,9a

LIEBEN, WAS GOTT LIEBT

Aktivierung

Sammle Bibelstellen, in denen genannt wird, wen oder was Gott liebt.

Ein paar Stellen zum Anfang gebe ich dir schon einmal. Ergänze, was dir spontan einfällt, und immer, wenn du beim Bibellesen auf eine solche Stelle stößt, füge sie dieser Tabelle hinzu. Dann hast du mit der Zeit eine schöne Übersicht, was Gott liebt.

2. Kor. 9,7

Ps. 45,7

Joh. 3,16

VOLLMACHT DURCH REIFETRAINING

Wenn unser Herz, unsere Augen, unsere Aufmerksamkeit ungeteilt auf Gott gerichtet sind, kann er uns einfach nichts abschlagen. So wie es der Königin Esther ergangen ist, die sich entgegen dem Hofprotokoll zum König gewagt hatte, um ein Pogrom gegen ihr jüdisches Volk zu verhindern. Der König streckte ihr das Zepter entgegen, weil er sie liebte und sie nahe an seinem Herzen war. Bei Königin Esther war es potenziell lebensgefährlich, sich dem König unaufgefordert zu nahen, aber im Hofprotokoll des Königreiches Gottes ist es ausdrücklich erwünscht, dass wir, seine Braut, mit Zuversicht jederzeit zum Thron der Gnade kommen (Hebräer 4,16).

Nimm jede Situation in deinem Leben als Trainingssituation an.

Als Braut haben wir eine andere Beziehung zu Gott, als wir sie als Kind Gottes haben. Eine Braut ist auserwählt unter vielen, sie ist eine mündige Person, die auf Augenhöhe mit dem Bräutigam ist. Das ist Gottes Ziel für uns. Er will uns nicht klein und unmündig halten, sondern uns zur vollen Mündigkeit und Reife führen. Das gilt natürlich auch für uns in unserer Position als Söhne und Töchter Gottes. Reife und Mündigkeit ist das Ziel. Das erfordert tiefe Reifeprozesse und geistliches Training. Durch diese Trainingsprozesse werden wir heranreifen zu einer mündigen Person, mit der der Herr auf Augenhöhe sprechen kann.

Deshalb mutet uns der Herr auch die ganzen Schwierigkeiten zu, durch die wir hindurchgehen müssen. Gott verwendet jede Situation in unserem Leben, in der wir etwas zu überwinden haben, als Trainingssituation. Wir trainieren um zu regieren. Wir sollen in unserem Vertrauen zu Gott wachsen und ihn kennenlernen als den Gott, mit dem wir über Mauern springen können. So hat David ihn erfahren und schreibt darüber in Psalm 18: »Denn mit dir erstürme ich einen Wall, und mit meinem Gott überspringe ich eine Mauer« (Psalm 18,30).

Nimm jede Situation in deinem Leben als Trainingssituation an. Das ist der Prozess, durch den der Herr uns zu einer mündigen Braut heranreifen lässt und unsere Glaubensmuskeln stärkt. Königin Esther musste ein halbes Jahr mit Balsam und ein halbes Jahr mit Myrrhe behandelt werden, um als Braut bereit zu sein. In der Bibel steht nichts zufällig, auch nicht die Vorbereitung der Braut Esther auf ihre Hochzeit. Sie steht für die Prozesse, durch die wir im Leben gehen.

Balsam deutet auf Heilung und Gottes liebevolle Zuwendung hin, Myrrhe auf Leid und Tod. Manches in unserem Leben muss losgelassen und auf den Altar gelegt werden. Durch manche Bedrängnis müssen wir gehen, damit wir eine überwindende Braut voller Glaubenskraft werden. Manches in unserem Leben muss sterben, damit etwas Neues auferstehen kann. In diesem Trainings- und Läuterungsprozess werden unsere Motive gereinigt und unsere Wunden geheilt, damit wir immer klarer und unvermischt das Reden Gottes wahrnehmen können.

Wenn wir eine reife Braut sind, die in die Ruhe des Glaubens eingegangen ist, wie wir es im Hebräerbrief lesen (Hebräer 4,10), werden wir ruhen von unserer eigenen Anstrengung und uns voll und ganz auf Gott verlassen können. Was für ein erstrebenswerter Zustand! Das hat Gott für uns bereit. Und der Weg dorthin geht über die Nähe zu ihm, die wir durch unsere Beziehung mit ihm kultivieren und einüben. Alles, was uns in unserem Leben passiert, soll uns näher zum Herrn hintreiben. Unsere Seele soll lernen, sich an den Herrn und sein Wort anzulehnen. Die Liebesbeziehung mit dem Herrn zu pflegen und seine Nähe zu suchen, muss unsere erste

Die Liebesbeziehung mit dem Herrn zu pflegen, muss unsere erste Priorität als Fürbitter sein.

Priorität als Fürbitter sein. Denn aus der Nähe zu Gott kommt unsere Autorität.

In Jesus, dem Weinstock, zu bleiben, ist die Garantie für Fruchtbarkeit und erhörte Gebete. Jesus bezeichnet sich als den Weinstock und uns als die Rebe. Nur wenn wir verbunden sind mit ihm, dem Weinstock, wenn wir in ihm bleiben, bringen wir viel Frucht. Eine Rebe, die vom Weinstock abgeschnitten wird, kann keine Frucht bringen.

» Ich bin der Weinstock, ihr seid die Reben. Wer in mir bleibt und ich in ihm, der bringt viel Frucht, denn getrennt von mir könnt ihr nichts tun. Wenn jemand nicht in mir bleibt, so wird er hinausgeworfen wie die Rebe und verdorrt; und man sammelt sie und wirft sie ins Feuer, und sie verbrennen. Wenn ihr in mir bleibt und meine Worte in euch bleiben, so werdet ihr bitten, was ihr wollt, und es wird euch geschehen. Hierin wird mein Vater verherrlicht, dass ihr viel Frucht bringt und meine Jünger werdet.
Johannes 15,5-8

VOLLMACHT DURCH MANDAT UND LIEBE

Fürbitter haben die Tendenz, jede Not und jede Last der Welt sofort zu spüren, und sie wollen sich immer gleich in jeden Riss stellen, den sie wahrnehmen. Tu das bitte nicht! Wir als Fürbitter sind nicht die Retter der Welt, das ist Jesus. Wir müssen lernen, vom Herrn zu hören, was unser Mandat ist, was unser Fürbitte-Auftrag ist. Die Not, die wir wahrnehmen, ist nicht gleich automatisch unser Fürbitte-Auftrag von Gott! Wenn wir hier nicht unterscheiden, werden wir von der Last der Nöte der Welt erdrückt. Jesus hat gesagt, dass er nicht auf die Not reagiert, sondern nur auf das Wort des Vaters hin handelt.

> » Da antwortete Jesus und sprach zu ihnen: Wahrlich, wahrlich, ich sage euch: Der Sohn kann nichts von sich selbst tun, außer was er den Vater tun sieht; denn was der tut, das tut ebenso auch der Sohn.
> *Johannes 5,19*

Die Not ist noch nicht der Auftrag! Der Auftrag kommt von Gott. Er ist der Retter der Welt, und er verteilt Aufträge. Weil er uns und unsere gesamten Lebensumstände kennt, weiß er alleine, wer sich für diese Not in den Riss stellen soll und wer nicht. Niemandem ist geholfen, wenn wir unter der Last der Fürbitte zusammenbrechen.

Ganz wichtig: Einen Fürbitte-Auftrag von Gott tragen wir nicht aus unserer eigenen Kraft. Eine Fürbitte-Last darf auf keinen Fall auf unserer Seele landen, sondern sie muss mit unserem Geist aufgenommen werden. Wenn eine Fürbitte-Last vom Herrn ist, dann bewegt Gott unseren Geist und unsere Seele, und trotz aller geistlichen Schwere ist unsere Seele in göttlichem Frieden. Dann kann es sein, dass wir im Gebet weinen und die Gefühle Gottes fühlen für eine bestimmte Situation, und nach einer gewissen Zeit hebt sich plötzlich die Last und es geht uns wieder gut. Das müssen wir üben und unterscheiden lernen. Der Friede Gottes ist das Symptom, an dem wir erkennen können, dass die Fürbitte-Last nicht auf unserer Seele, sondern auf unserem Geist angekommen ist.

Die Not, die wir wahrnehmen, ist nicht gleich automatisch unser Fürbitte-Auftrag von Gott!

Wenn jedoch die Not unser Auftraggeber war und die Fürbitte-Last auf unserer Seele und unserer eigenen Kraft gelandet ist, kann uns das regelrecht krank machen. So hat sich Gott das nicht gedacht. Sein Plan ist: Wir lassen uns von Gott in die Fürbitte führen, stellen uns in den Riss, fangen an zu beten, und dann treten wir wieder heraus, übergeben die Sache an den Herrn und sind wieder wie ein unbeschwertes Kind, das beim Vater spielt.

Das höchste Mandat, zu beten und Entscheidungen zu treffen, haben wir für unser eigenes Leben. Niemand hat mehr Autorität über unser eigenes Leben als wir selbst. Jeder hat außerdem ein Gebetsmandat für seine Kinder, für seinen Ehepartner, für seine Familie, für seine Nachbarschaft, für seine Stadt, für seine Nation. Leiter haben ein Mandat, für die Menschen zu beten, die sie leiten, z. B. in der Firma, in der Gemeinde. Aber Vorsicht! Wenn wir nicht der Chef sind, dann müssen wir vorsichtig sein mit dem, was wir beten, damit wir nicht unser Mandat überschreiten. Wir müssen darauf achten, dass wir in unserem Wirkungskreis bleiben. Wir haben keine Autorität über den Willen von Menschen. Wenn wir keine Leitungsautorität haben, dann sollten wir nicht versuchen, durch Gebet die Leiter zu manipulieren. Das ist uns nicht erlaubt.

Was wir immer beten können, sind die apostolischen Gebete aus der Bibel. Dazu gehören die Gebete, die Paulus für die Gemeinde betet. Das sind allgemeingültige Gebete, die immer gelten und Segen bringen. Apostolische Gebete sind immer im Willen Gottes, denn das, was uns die Bibel sagt, was der Wille Gottes ist, das kann man immer beten.

- Es ist zum Beispiel der Wille Gottes, dass alle Menschen errettet werden und zur Erkenntnis der Wahrheit kommen.
- Es ist der Wille Gottes, dass Menschen Gott immer mehr erkennen und seine Liebe für sie verstehen.

- Es ist der Wille Gottes, dass Menschen ihre Berufung erkennen und ein fruchtbares Leben führen, und dass sie in den von Gott vorbereiteten Werken laufen.

Diese Dinge können wir immer beten. Aber: Wir überlassen es dem Herrn, Könige ein- und abzusetzen. Später mehr dazu im Kapitel über das Gebet für Leiter.

Fragt den Herrn als Gebetsgruppe, Gemeinde, Werk, für was er euch als Gruppe ein Mandat in der Fürbitte gegeben hat. Das werden Städte, Nationen, die Regierung eures Landes, bestimmte Gruppen von Menschen sein, die den meisten von euch schon auf dem Herzen liegen. Oder eure geistliche Leiterschaft hat ein Mandat für etwas Bestimmtes und gibt es euch als Gebetsauftrag mit. Dann könnt ihr in den Auftrag der Leitung eintreten und ihr Mandat einfach aufnehmen. Gott wird euch dann Liebe geben für diesen Gebetsauftrag.

Unsere Autorität im Gebet wächst in dem Maße, in dem wir ein Mandat haben und die Person, die Stadt, die Gemeinde, die Nation, für die wir beten, lieben. Das kann man mit der ganz einfachen Gleichung ausdrücken: Liebe plus Mandat ergibt Autorität im Gebet. Je mehr man das liebt, für was man betet, desto mehr wächst auch die Autorität mit. Wenig Liebe plus Mandat ergibt wenig Vollmacht im Gebet. Viel Liebe plus Mandat ergibt viel Vollmacht im Gebet! Gebet ist am wirkungsvollsten, wenn man liebt, für was man betet. Bete also für Menschen oder Nationen, Städte, Familien, Gemeinden, wenn du sie liebst.

Gebet ist am wirkungsvollsten, wenn man liebt, für was man betet.

Wir beginnen tiefer und vollmächtiger von innen heraus Fürbitte zu tun, wenn wir immer mehr lieben, was Gott liebt. Andererseits habe ich auch schon oft erlebt, dass Fürbitte Liebe hervorbringt. Wenn wir anfangen, für eine Person oder ein Land zu beten, fangen wir an, mit den Augen Gottes zu sehen, und daraus erwächst Liebe. So wie Jesus sagt, dass wir für unsere Feinde beten und ihnen Gutes tun sollen. Was kann man jemandem Besseres tun, als für ihn zu beten und ihn zu segnen. Das ist praktizierte Feindesliebe.

Bete für das, was du liebst, und für das, wofür Gott dir ein Mandat gegeben hat, auch wenn du dafür noch nicht so viel Liebe hast. Du wirst feststellen, dass deine Liebe durch das Gebet wächst.

VOLLMACHT DURCH REINHEIT DES HERZENS

Wirkungsvolles Gebet hängt maßgeblich von unserer Beziehung zu Gott ab und auch von uns als Person. Es gibt ein paar Voraussetzungen, die erfüllt sein müssen, damit unser Gebet nicht unwirksam wird.

Dass wir Gott lieben und ihn von ganzem Herzen anbeten und die Beziehung zu ihm pflegen und stärken, haben wir jetzt verstanden. Aber darüber hinaus ist auch unsere persönliche Integrität und gottgefällige Lebensführung ein wichtiger Bereich, der überprüft werden muss. Ein Fürbitter, der in Unabhängigkeit von Gott und seinem Wort sein Leben führt, ist eigentlich ein Widerspruch in sich. Jesus sagt in der Bergpredigt, dass die glückselig sind, die ein reines Herz haben, denn sie werden Gott schauen (Matthäus 5,8).

> Ein Fürbitter brennt dafür, dass der Wille Gottes auf Erden genauso wie im Himmel geschieht.

Ein Fürbitter ist jemand, der ganz nahe am Herzen Gottes ist. Sein Gebet lebt davon, dass er Gott schaut, dass er mit den Ohren und Augen des Geistes hört und sieht, was Gottes Wille ist. Ein Fürbitter brennt dafür, dass der Wille Gottes auf Erden genauso wie im Himmel geschieht. Und das betrifft zuallererst auch sein eigenes Leben.

In Jesaja 59 lesen wir, was der Grund sein könnte, dass unsere Gebete nicht wirkungsvoll sind:

» Siehe, die Hand des Herrn ist nicht zu kurz, um zu retten, und sein Ohr nicht zu schwer, um zu hören; sondern eure Vergehen sind es, die eine Scheidung gemacht haben zwischen euch und eurem Gott, und eure Sünden haben sein Angesicht vor euch verhüllt, dass er nicht hört. Denn eure Hände sind mit Blut befleckt und eure Finger mit Sündenschuld. Eure Lippen reden Lüge, eure Zunge murmelt Verkehrtheit.
Jesaja 59,1-3

Jeder überprüfe sich selbst. Sünde verhindert, dass unsere Gebete kraftvoll sind. Ebenso verhält es sich mit ungeklärten Beziehungen. Jesus nimmt es da sehr genau:

» Ihr habt gehört, dass zu den Alten gesagt ist: Du sollst nicht töten; wer aber töten wird, der wird dem Gericht verfallen sein. Ich aber sage euch, dass jeder, der seinem Bruder zürnt, dem Gericht verfallen sein wird; wer aber zu seinem Bruder sagt: Raka!, dem Hohen Rat verfallen sein wird; wer aber sagt: Du Narr!, der Hölle des Feuers verfallen sein wird. Wenn du nun deine Gabe darbringst zu dem Altar und dich dort erinnerst, dass dein Bruder etwas gegen dich hat, so lass deine Gabe dort vor dem Altar und geh vorher hin, versöhne dich mit deinem Bruder, und dann komm und bring deine Gabe dar! Komm deinem Gegner schnell entgegen, während du mit ihm auf dem Weg bist! Damit nicht etwa der Gegner dich dem Richter überliefert und der Richter dem Diener und du ins Gefängnis geworfen wirst. Wahrlich, ich sage dir: Du wirst nicht von dort herauskommen, bis du auch die letzte Münze bezahlt hast.

Matthäus 5,21-26

Lasst uns lernen, da ganz sensibel auf die Impulse des Heiligen Geistes zu hören. Wenn du dir nicht ganz sicher bist, ob zwischen dir und einer anderen Person alles in Ordnung ist, dann sprich sie an und frag vorsichtig nach. Sei dabei ganz ehrlich, verteidige dich nicht selbst, erkläre dein Verhalten nicht, sondern nenne Sünde beim Namen und bitte um Vergebung. Zum Beispiel sag nicht: »Na ja, da habe ich nicht so ganz die Wahrheit gesagt.« Sondern sag: »Da habe ich gelogen, bitte vergib mir.«

Wir alle verletzen und versündigen uns immer wieder an anderen. Die Kultur des Königreiches ist Leben im Licht. Echte Gemeinschaft geschieht da, wo wir miteinander im Licht leben, Dinge beim Namen nennen, keine Bitterkeit zwischen uns aufwachsen lassen und zusammen ans Kreuz von Jesus gehen. Dort ist Vergebung für unsere Sünde zu finden. »Wenn wir aber im Licht wandeln, wie er im Licht ist, haben wir Gemeinschaft miteinander, und das Blut Jesu, seines Sohnes, reinigt uns von jeder Sünde« (1. Johannes 1,7).

Das gilt ganz besonders auch für die engste und tiefste aller menschlichen Beziehungen, die Ehe. Hier richtet sich Petrus besonders an die Ehemänner, deren Verantwortung es ist, eine Kultur der Ehre in ihrer Ehe aufzurichten, damit ihre Gebete nicht verhindert werden. »Ihr Männer ebenso, wohnt verständnisvoll mit ihnen zusammen als dem schwächeren, dem weiblichen Gefäß, und gebt ihnen Ehre als solchen, die auch Miterben der Gnade des Lebens sind, damit eure Gebete nicht verhindert werden!« (1. Petrus 3,7).

Echte Gemeinschaft geschieht da, wo wir miteinander im Licht leben.

All diese zwischenmenschlichen Dinge sind in Gottes Augen sehr wichtig und haben einen hohen Stellenwert. Denn es gibt ein geistliches Prinzip, das sozusagen ein Garant für geistliche Autorität und erhörte Gebete ist, und das ist die Einheit!

VOLLMACHT DURCH EINHEIT

Ein wunderschönes Bild von dem, was Einheit bewirkt, malt David in Psalm 133:

> » Ein Wallfahrtslied. Von David. Siehe, wie gut und wie lieblich ist es, wenn Brüder einträchtig beieinander wohnen. Wie das edle Öl auf dem Haupt, das herabfließt auf den Bart, auf den Bart Aarons, der herabfließt auf den Halssaum seiner Kleider. Wie der Tau des Hermon, der herabfließt auf die Berge Zions. Denn dorthin hat der Herr den Segen befohlen, Leben bis in Ewigkeit.
> *Psalm 133*

Wenn Gott irgendwo Einheit zwischen seinen Kindern sieht, befiehlt er dorthin Segen. Dann fließen Segen und Salbung Gottes wie unsichtbares Öl auf die Menschen. Dann reibt es sich auch nicht mehr so zwischen uns, wenn genug Öl der Salbung da ist. Hast du das schon einmal festgestellt? Dann sehen wir den Bruder, die Schwester auf einmal nicht mehr nur als natürliche Menschen mit Eigenheiten, die uns manchmal nerven, sondern wir sehen ihre Schönheit, ihre Vollmacht und ihre geistliche Stärke.

Der Herr liebt es, mit seiner Salbung auf Gruppen von Menschen zu fallen, auf geistliche Gefäße, die in Einheit zusammenstehen.

Einheit ist so kostbar in Gottes Augen, dass er dem Gebet in Einheit sogar regelrecht einen Blankoscheck ausgestellt hat:

> »Wiederum sage ich euch: Wenn zwei von euch auf der Erde übereinkommen, irgendeine Sache zu erbitten, so wird sie ihnen werden von meinem Vater, der in den Himmeln ist. Denn wo zwei oder drei versammelt sind in meinem Namen, da bin ich in ihrer Mitte.«
> *Matthäus 18,19*

Jesus betet im hohepriesterlichen Gebet in Johannes 17 um Einheit zwischen seinen Jüngern und deren Jüngern, damit die Welt sogar an unserer Einheit erkennt, dass der Vater Jesus gesandt hat! »Aber nicht für diese allein bitte ich, sondern auch für die, welche durch ihr Wort an mich glauben, damit sie alle eins seien, wie du, Vater, in mir und ich in dir, dass auch sie in uns eins seien, damit die Welt glaube, dass du mich gesandt hast« (Johannes 17,20-21).

Einheit ist so kostbar in Gottes Augen, dass er dem Gebet in Einheit regelrecht einen Blankoscheck ausgestellt hat.

Die Welt wird glauben, dass der Vater den Sohn gesandt hat, wenn wir Einheit leben. Und unsere Gebete sind dann wirkungsvoll und kraftvoll! Kein Wunder, dass unsere Einheit so umkämpft ist. Sie ist aber keine Option, sondern eine absolut notwendige Voraussetzung für unsere Durchschlagskraft als Leib Jesu. Deshalb lasst uns immer um die Einheit ringen, in Sanftmut und Demut den anderen höher achten als uns selbst und so als Fürbitter in voller Autorität den Himmel auf die Erde bringen. Das ist manchmal harte Fleißarbeit, aber Einheit ist ein Must-have und muss auf jeden Fall bewahrt werden. Ich liebe es, wie realistisch Paulus davon schreibt, dass es manchmal einfach nur darum geht, die anderen mit aller Demut, Sanftmut und Langmut in Liebe zu ertragen.

» Ich ermahne euch nun, ich, der Gefangene im Herrn: Wandelt würdig der Berufung, mit der ihr berufen worden seid, mit aller Demut und Sanftmut, mit Langmut, einander in Liebe ertragend! Befleißigt euch, die Einheit des Geistes zu bewahren durch das Band des Friedens.
Epheser 4,1-3

Zum Schluss lasst uns noch daran denken, dass kein Gebet verloren geht. Im Buch der Offenbarung steht, dass alle unsere Gebete in Gefäßen gesammelt werden und in Ewigkeit effektiv bleiben. »Und als es das Buch nahm, fielen die vier lebendigen Wesen und die vierundzwanzig Ältesten nieder vor dem Lamm, und sie hatten ein jeder eine Harfe und goldene Schalen voller Räucherwerk; das sind die Gebete der Heiligen« (Offenbarung 5,8).

Und im Kapitel 8 der Offenbarung lesen wir, welche Auswirkungen unsere Gebete auf der Erde haben:

» Und ein anderer Engel kam und stellte sich an den Altar, und er hatte ein goldenes Räucherfass; und es wurde ihm viel Räucherwerk gegeben, damit er es für die Gebete aller Heiligen auf den goldenen Altar gab, der vor dem Thron ist. Und der Rauch des Räucherwerks stieg mit den Gebeten der Heiligen auf aus der Hand des Engels vor Gott. Und der Engel nahm das Räucherfass und füllte es von dem Feuer des Altars und warf es auf die Erde; und es geschahen Donner und Stimmen und Blitze und ein Erdbeben.
Offenbarung 8,3-5

Aktivierung

Besorge dir eine Schale, in die du Zettel mit Gebetsanliegen legst, für die du gebetet hast. Schreibe am besten auch das Datum dazu, wann du dafür gebetet hast. Wenn sich im Laufe der Zeit die Schale füllt, kannst du mitverfolgen, wo Gebete schon erhört wurden. Dies ist eine schöne Veranschaulichung der Realität der Gefäße mit den Gebeten der Heiligen im Himmel, die auf dem Altar stehen.

FÜLLE EINE GEBETSSCHALE.

AUF DEN PUNKT

Wir haben uns verschiedene Schlüssel für wirkungsvolles Gebet angeschaut. Unsere geistliche Autorität in der Fürbitte kommt aus unserer Beziehung und Nähe zu Jesus. Wenn wir lieben, wen oder was Gott liebt, wächst auch unsere Vollmacht. Mandat plus Liebe ergibt eine Autorität im Gebet. Hierbei ist es wichtig zu wissen, dass Gott Fürbitte-Aufträge verteilt. Nicht die Not, die wir wahrnehmen, ist automatisch gleich der Fürbitte-Auftrag. Man kann natürlich immer gleich ein kurzes Gebet sprechen, aber sich dauerhaft in den Riss für etwas oder jemand zu stellen, ist den Aufträgen von Gott vorbehalten.

Vollmacht im Gebet hängt auch maßgeblich von der Person des Beters ab. Ungeklärte Beziehungen, Bitterkeit und Sünde zwischen uns und anderen Menschen verhindern wirkungsvolles Gebet. Deshalb gilt es auf jeden Fall, die Einheit zu bewahren und, wenn sie verloren ist, sie wiederherzustellen. Denn Einheit ist die Garantie auf Gebete, die ins Schwarze treffen.

5

Gebetszeiten planen

So, jetzt wird es konkret. Wir planen eine Gebetszeit. Aber ist es nicht besser, einfach die Leitung dem Heiligen Geist zu überlassen? Ja schon, aber erst, nachdem du geplant hast.

Hast du schon einmal festgestellt, dass alles, was wir in unserem Leben nicht bewusst gestalten, von Umständen und anderen Menschen gestaltet wird? Wir haben als Menschen von Gott den Auftrag der Verwalterschaft bekommen. Wir sollen die Erde verwalten, aber auch unser eigenes Leben, unsere Zeit, unsere Aufmerksamkeit, unsere Worte, unser Geld, unsere Talente. Wie wir mit diesen Dingen umgegangen sind, darüber werden wir einmal vor dem Thron Gottes Rechenschaft ablegen müssen.

> Alles, was wir in unserem Leben nicht bewusst gestalten, wird von Umständen und von anderen Menschen gestaltet.

Es ist manchmal gar nicht so leicht, unseren Tag, unsere Woche bewusst zu gestalten, denn es gibt so etwas wie die Diktatur des Dringenden. Der Telefonanruf, die E-Mail oder die WhatsApp-Nachricht, die dringend beantwortet werden muss. Die Spülmaschine, die lautstark signalisiert, dass sie jetzt fertig ist und ausgeräumt werden will. Der Kollege, der ganz dringend eine Antwort braucht. Es gibt immer etwas, was dringend und laut unsere Aufmerksamkeit beansprucht.

Daneben gibt es aber auch noch wichtige Dinge. Sie sind nicht dringend, du kannst sie verschieben, aber wenn du sie nicht einplanst, werden sie nie geschehen, weil sie nicht dringend sind. Das sind aber genau die Dinge, die für dein persönliches und geistliches

Wachstum sorgen, für deine Gesundheit, für die Gesundheit deiner Familie und deiner Freundschaften. Ich meine so etwas wie Sport machen, ein gutes Buch lesen, Qualitätszeit mit deiner Familie verbringen, Zeit für Gebet und für Gemeinschaft mit dem Herrn nehmen, eine geistliche Schulung oder Konferenz besuchen, etwas machen, was dich lebendig fühlen lässt. Du bemerkst nicht sofort die Konsequenzen, wenn du solche Dinge verschiebst oder einfach gar nicht machst, aber mittel- und langfristig werden deine Gesundheit, deine Beziehungen und dein Wohlbefinden leiden und deine Lebensqualität wird verloren gehen.

Jemand hat einmal gesagt: »Wenn ich einen Tag nicht Bibel lese, merkt es der Herr, wenn ich zwei Tage nicht Bibel lese, merke ich es selber, wenn ich drei Tage nicht Bibel lese, merken es alle anderen.« Das ist vielleicht ein bisschen übertrieben, aber es macht etwas deutlich: Die wirklich wichtigen Dinge des Lebens dürfen nicht der Diktatur des Dringlichen zum Opfer fallen. Wenn du also Gebetszeiten nicht planst, werden sie höchstwahrscheinlich gar nicht oder nicht oft oder nur in sehr reduzierter Form stattfinden. Denn es wird ganz sicher irgendetwas Dringendes daherkommen, was sich vordrängelt.

Wenn du eine Zeit eingeplant hast und dann anfängst zu beten, wirst du vielleicht feststellen, dass es gar nicht so einfach ist, länger am Stück dranzubleiben. Leichter ist es, wenn du mit anderen zusammen betest. Aber da gibt es dann wieder andere Herausforderungen. Was eine Gebetszeit in der Gruppe spannend und effektiv macht, darüber werden wir in einem späteren Kapitel noch ausführlich sprechen. In diesem Kapitel soll es um deine persönlichen Zeiten der Fürbitte gehen. Das, was du hier für dich persönlich lernen wirst, kannst und sollst du natürlich auch mit in die Gebetsgruppe einbringen.

Auch für sich selbst ist es hilfreich, der Gebetszeit eine Struktur zu geben. Ich schlage dir eine einfache Struktur als Beispiel vor, die du je nach deinen Bedürfnissen und Aufträgen übernehmen oder abändern kannst. Diese Struktur würde etwa eine Stunde füllen.

Aktivierung

GEBETSPLAN FÜR EINE STUNDE FÜRBITTE

Nimm dir etwas zum Schreiben und ein Glas Wasser mit und geh an einen ruhigen Ort, an dem du nicht gestört wirst. Rechne damit, dass der Heilige Geist zu dir sprechen wird, schreibe alles auf, was dir wichtig geworden ist. Am besten lass dein Handy in einem anderen Zimmer. Auch wenn es sich um eine Fürbitte-Zeit handelt, ist es keine Arbeitsbesprechung mit dem Herrn. Wir sind immer darauf angewiesen, dass wir erfüllt sind von seiner Gegenwart und Liebe. Es handelt sich nicht um ein Abarbeiten einer Liste, sondern um einen Herzensaustausch mit Gott. Eine Zeit, in der du Gott begegnest und erfüllt wirst von ihm.

Gleichzeitig ist es eine Zeit, in der du als Wächter auf der geistlichen Mauer stehst. Du wachst über dein eigenes Leben und das Leben deiner Familie und über andere Anliegen, die du mit Gott, deinem Vater teilst, Du hast eine Audienz beim König, freu dich!

5 MIN.

Ankommen und Empfangen

Komm erst einmal an. Begib dich bewusst in die Gegenwart Gottes und melde dich bei ihm: »Hier bin ich, Herr, ich gehöre jetzt ganz dir.« Stell dich unter die Sonne der Gerechtigkeit und lass dich aufwärmen. Setz dich bequem hin und empfange die Liebe des Vaters, nimm sein Lächeln und seine Freude über dich wahr.

10 MIN.

Dank und Lobpreis

Danke ihm, dass du sein Kind sein darfst und in seinem Vaterhaus einen Platz am gedeckten Tisch hast. Danke ihm, dass du im Königreich Gottes leben und alles von ihm empfangen darfst, was du zum Leben und zur Gottseligkeit brauchst (2. Petrus 1,3). Sing ein oder zwei Lobpreislieder.

5 MIN.

Bete für dein eigenes Leben

Bete für Weisheit, für Gunst bei Menschen, für offene Türen. Bete für finanzielle Versorgung. Bete für geistliches Wachstum und mehr Nähe zum Herrn. Bete für Schutz auf dir, deinem Körper, deinen Fahrten und Reisen. Bete für geöffnete Ohren und Augen des Geistes, damit du wach bist für die Impulse des Heiligen Geistes, und bete für mehr Hunger nach dem Herrn. Bete für die Fülle des Heiligen Geistes in dir. Bete, dass du heute die Person sein kannst, die du heute sein sollst.

10 MIN.

Bete für deine Familie und deine geistliche Familie

Bete für deine Ehe und deine Familie. Bete um Schutz, um Wachstum, um Errettung, falls nötig. Bete für die aktuellen Anliegen deines Ehepartners und deiner Kinder. Sei dankbar, dass du eine Familie hast. Segne jeden Einzelnen; höre, ob dir Gott über deinen Ehepartner oder deine Kinder etwas Spezielles zusagt, vielleicht möchte er dir etwas zeigen, eine Verheißung geben, dir helfen, sie mit Gottes Augen zu sehen. Bete für deine Gemeinde, deinen Hauskreis, die Geschwister im Herrn, mit denen du zusammen läufst. Bete für deine geistlichen Leiter.

10 MIN.

Bete für deine Stadt, dein Land, die jeweiligen Regierungen
Bete für Weisheit, bete, dass die Regierenden das Beste der Stadt bzw. des Landes suchen. Bete für Gerechtigkeit in der Stadt, dem Land. Bete, dass der Herr die Herzen der Könige wie Wasserbäche lenkt (Sprüche 21,1).

10 MIN.

Bete für Gerechtigkeitsthemen
Bete zum Beispiel für die Bekämpfung von Menschenhandel, für Hilfe für Frauen, die sich prostituieren oder die ihr Baby abtreiben, weil sie keine andere Möglichkeit sehen, für ein Umdenken in der Gesellschaft in all diesen Themen. Bete um Gottes Beurteilung und seine Perspektive auf die Würde von Frauen und Kindern und von allen Menschen. Bete für Kinder: Hilfe für Straßenkinder, Bekämpfung von Kinderpornografie, Bekämpfung von Armut.

10 MIN.

Bete für ein anderes Land, verfolgte Christen, unerreichte Volksgruppen
Bete für eine Nation, die du auf dem Herzen hast, dass sie vom Evangelium berührt wird. Open Doors gibt gutes Material heraus über verfolgte Christen, und auf www.kingdomimpact.org findest du gutes Material über unerreichte Volksgruppen.

Abschluss
Danke dem Herrn, gib ihm alle diese Anliegen zurück in seine Hände, er kümmert sich darum.

Wenn du an einem Punkt hängen bleibst, weil es dich gerade so bewegt und der Herr spricht und du in einem Flow bist, dann mach einfach weiter, so lange, bis du das Gefühl hast, jetzt ist es gut. Möglicherweise betest du dann länger als eine Stunde. Oder du hast nur eine Stunde Zeit und lässt einfach die anderen Punkte weg. Die nächste Fürbitte-Zeit kommt bestimmt. Viel wichtiger ist es, sich im Strom des Heiligen Geistes zu bewegen, als Zeitpläne einzuhalten.

EINE KULTUR DES GEBETS IN EHE UND FAMILIE ETABLIEREN

Familien, die zusammen beten, sind wie ein geistliches Kraftwerk. Wie dankbar bin ich, dass ich schon als Kindergartenkind bei meiner Oma beten gelernt habe. Weil meine Mutter berufstätig war, verbrachte ich den Nachmittag nach dem Kindergarten und später nach der Schule bei meiner Oma. So bekam ich so ganz nebenbei ein exzellentes geistliches Training mit. Das, was wir leben, spricht so viel lauter zu den Kindern als das, was wir sagen. Ich wurde sehr geprägt durch das Gebetsleben meiner Oma und ihre Liebe zum Wort Gottes. In jeder krisenhaften Situation war ihre erste Reaktion: »Komm, Elke, wir beten.« Was für ein wunderbares Erbe, für das ich sehr dankbar bin. Später habe ich versucht, dieses Vorbild und geistliche Training auch meinen Kindern so mitzugeben.

> Die Gebete der Eltern in Einheit haben eine enorme geistliche Durchschlagskraft.

Als Ehepaar haben wir den Auftrag, für unseren Ehepartner zu beten. Als Eltern haben wir ein Mandat, für unsere Kinder zu beten. Das bedeutet, wir haben die Aufgabe, für unsere Kinder und Ehepartner zu beten. Es ist nicht nur eine nette Idee, sondern ein göttlicher Auftrag. Die Gebete der Eltern in Einheit sind meiner Erfahrung nach immer Volltreffer. Sie haben eine enorme geistliche Durchschlagskraft. Als Eltern, die wir von Neuem geboren sind und versetzt vom Reich der Finsternis in das Reich Gottes, haben wir Zugriff zu himmlischen Ressourcen. Wir sind nicht reduziert auf unsere natürliche Kraft und Fähigkeit, die ja doch sehr limitiert ist, sondern uns stehen alle Versorgungsräume des Himmels zur Verfügung. Alle Weisheit, alle Kraft, alle Freude, alle Hoffnung können wir von Gott empfangen, wann immer wir diese Dinge brauchen. Lasst uns reichlich davon Gebrauch machen.

Wir sind befugt, Autorität im Geist über die Atmosphäre in unserem Zuhause zu ergreifen. Wir herrschen mit Christus über unser eigenes und seiner Autorität werfen wir den Feind aus unserer Familie hinaus.

» Unterwerft euch nun Gott! Widersteht aber dem Teufel! Und er wird von euch fliehen. Naht euch Gott! Und er wird sich euch nahen.
Jakobus 4,7-8a

Wir müssen uns nicht alles bieten lassen. Denn Jesus hat gesagt, dass er alle Macht im Himmel und auf Erden hat, deshalb sollen wir hingehen und dasselbe tun wie er. Manchmal vergessen wir, dass wir ja auch noch einen Feind haben, der interessiert daran ist, unsere Ehe, unsere Familie, uns selbst und das Leben unserer Kinder zu zerstören. Lasst uns lernen, mit Entschiedenheit dem Feind zu widerstehen und ihn hinauszuwerfen. Oft habe ich erlebt, dass sich alles in Sekundenschnelle verändert hat, wenn ich diesen Bibelvers ausgebetet habe. Das sieht konkret so aus, dass ich laut in etwa so bete: »Vater, ich bin dein Eigentum, erkauft mit dem kostbaren Blut Jesu. Ich gehöre dir! Und jetzt widerstehe ich dir, Teufel! Im Namen von Jesus verschwinde aus meinem Leben, aus meinen Gedanken und Gefühlen. Sofort raus! Und jetzt, Herr, berge ich mich in deiner Gegenwart. Danke, dass du da bist! Ich liebe deine Gegenwart.«

Lasst uns in unseren Familien eine Kultur des Gebets etablieren, sodass unsere erste Reaktion auf Herausforderungen immer ist: »Komm, wir beten.« Jesus hat immer etwas zu Situationen, in denen wir vor Problembergen stehen, zu sagen. Er hat eine Lösung. Vergessen wir nicht, dass das Reich Gottes, in dem wir leben, der Bereich ist, in dem Wunder normal sind. So lernen wir als Familie, mit Jesus zu leben. Ihn zu seiner Meinung zu fragen und von ihm Hilfe für alle Situationen im Gebet zu empfangen. Aber genauso wichtig ist es, dass wir auch über den Tellerrand schauen auf andere Menschen, andere Länder, die Nöte in der Welt und um uns herum. Es ist gut, wenn sich unser Familiengebetsleben nicht nur um unsere eigenen Belange dreht.

Hier kommen ein paar Anregungen, was man als Familie zusammen beten könnte. Wir beten für Familienangehörige, die Jesus noch nicht kennen. Wir beten für die Lehrer und die Freunde der Kinder. Wir beten für Klassenkameraden, die unseren Kindern Mühe machen oder die es gerade schwer haben. Wir beten für einen Missionar, den wir als Familie unterstützen. Für ein bestimmtes Land, das uns auf dem Herzen ist, eine unerreichte Volksgruppe oder für verfolgte Christen. Für eine Krisenregion. Für unsere Regierung. Es gibt so viele Möglichkeiten zum gemeinsamen Gebet.

Nicht vergessen: Im Reich Gottes, in dem wir leben, sind Wunder normal!

Wichtig erscheint mir, dass die Familie nicht nur vor dem Essen und vor dem Schlafengehen zusammen betet, was natürlich gut und wichtig ist, sondern dass es auch besondere Zeiten des Gebets und der Fürbitte in der Familie gibt. Auch hier ist es so gut, immer wieder Zeiten fest einzuplanen, sonst wird es wahrscheinlich nie dazu kommen, dass eine Familiengebetszeit stattfindet.

Als Familie werden wir zusammen lernen für das zu beten, was auf Gottes Herz ist, für das, was er liebt. Aber es sollte auch etwas dabei sein, womit sich die Familie schon identifizieren kann, was wir als ganze Familie schon lieben.

LIEBEN, WAS GOTT LIEBT

Aktivierung

Heute bereiten wir eine Gebetszeit für Indien vor. (Setze ein anderes Land ein, wenn es eines gibt, das euch als Familie nähersteht). Je nach Alter der Kinder können wir noch malen, dekorieren, Lieder anhören oder dergleichen miteinplanen.

- Wir gehen gemeinsam auf Entdeckungsreise und sammeln allgemeine Informationen über das Land: Wo ist es auf der Weltkarte? Wie viele Menschen leben dort? Was glauben sie? Was essen sie? Wie sehen die Menschen dort aus? Was ist das Kastensystem?
- Wir suchen ein Rezept aus der indischen Küche, das wir an dem Tag des Familiengebets zusammen kochen und essen werden.
- Wir schauen YouTube-Dokumentationsvideos über Indien an (vorher welche aussuchen, die geeignet sind).
- Wir holen uns Informationen von Open Doors über die verfolgten Christen in Indien (www.opendoors.de).
- Wir legen einen Termin fest für die Indiengebetszeit.

AUF DEN PUNKT

Wir sind die Gestalter unseres Lebens, und alles, was wir nicht bewusst gestalten, wird von der Diktatur des Dringenden gestaltet, ob wir wollen oder nicht. Fürbitte-Zeiten müssen eingeplant und strukturiert werden, damit sie stattfinden und ein erfreuliches Erlebnis sind. Als Ehepaar und Familie wollen wir eine Kultur des Gebets etablieren.

Eine betende Familie ist ein geistliches Kraftwerk. Durch Gebet werden wir Wunder erleben und Jesus und die Kraft seines Königreiches kennenlernen. Ein besseres geistliches Erbe können wir unseren Kindern nicht geben. Um als Familie regelmäßig zu beten, braucht es gute Vorbereitung und geplante Gebetszeiten.

6

Gottes Wort zu ihm zurücksprechen

Fürbitte ist Teilhabe an der Weltregierung Gottes. Unser Beitrag ist es jedoch nicht, Wunder und Veränderungen in der sichtbaren und unsichtbaren Welt hervorzubringen. Im Königreich Gottes basiert alles immer auf Gottes Kraft, nicht auf unserer menschlichen Kraft. Unser Anteil ist es, Gott zu glauben, was er gesagt hat, und dasselbe zu sagen wie er. Es ist immer Gottes Initiative, wenn wir etwas von ihm sehen und erkennen. Er ist der Ursprung und der Initiator, und die Schöpfung reagiert auf seine Person und sein Wort. Das ist ein geistliches Gesetz, unveränderlich wie die Naturgesetze in der sichtbaren Welt.

Die schöpferische Kraft, Dinge aus dem unsichtbaren Reich Gottes in unsere sichtbare Welt zu bringen, ist alleine im Wort Gottes, nicht in uns. Gott würde nie von uns verlangen, dass wir etwas Übernatürliches aus eigener menschlicher Kraft hervorbringen, denn das ist komplett unmöglich für uns. Vielmehr möchte er, dass wir ihm seine Versprechen und Verheißungen einfach glauben und uns vollständig auf seine Kraft verlassen. Er ist Spezialist für Dinge, die für Menschen unmöglich sind.

Gott reagiert immer auf Glauben.

Der entscheidende Faktor dafür, dass seine Kraft in unserer Welt Wunder bewirkt, ist unser Glaube. Gott reagiert immer auf Glauben. In dieser sichtbaren Welt können wir nur im Glauben die Versorgung Gottes empfangen. Für uns auf dieser Seite der Ewigkeit funktioniert deshalb alles im Reich Gottes durch Glauben. Jetzt stellt sich natürlich die Frage: Was genau ist eigentlich Glaube?

WIR LEBEN IM GLAUBEN, NICHT IM SCHAUEN

Glaube ist die Währung im Königreich Gottes. Glaube ist die Voraussetzung für Durchschlagskraft in der Fürbitte. Durch Glauben empfangen wir alles, was Jesus für uns am Kreuz getan hat. Kannst du dich noch an die Zeit erinnern, in der du Jesus noch nicht gekannt hast? War es nicht so, dass du nie so richtig verstanden hast, was es eigentlich mit dem Kreuz von Jesus im Christentum auf sich hat? Erst nachdem du von Neuem geboren wurdest, war das Kreuz plötzlich keine Torheit mehr für dich (1. Korinther 1,18), sondern irgendwie total logisch. Das ist durch Glauben passiert. Durch die neue Geburt konntest du auf einmal mit deinen neuen Augen des Geistes unsichtbare Realitäten sehen.

Und das ist Gottes Weg für uns mit allen Verheißungen. Durch Glauben bringen wir die unsichtbaren Schätze des Reiches Gottes in unsere sichtbare Realität. Im Hebräerbrief lesen wir eine Definition von Glauben: »Der Glaube aber ist eine Wirklichkeit dessen, was man hofft, ein Überzeugtsein von Dingen, die man nicht sieht« (Hebräer 11,1). Man könnte es auch so formulieren: Durch Glauben wird die unsichtbare Realität des Königreiches für uns Wirklichkeit.

Der Glaube zieht den Himmel auf die Erde.

Es kommt immer zuerst der Glaube, und dann sehen, spüren und erleben wir das, was wir glauben. Der Glaube zieht den Himmel auf die Erde. Der Glaube hält fest an den Verheißungen Gottes. Und der Glaube spricht die Verheißungen Gottes laut aus. Erst dann wird die Verheißung für uns sichtbar und spürbar. Von diesem Zusammenhang zwischen Glauben und

Sprechen lesen wir in Römer 10,10: »Denn mit dem Herzen wird geglaubt zur Gerechtigkeit, und mit dem Mund wird bekannt zum Heil« (Römer 10,10).

Der Glaube ist also in diesem Sinne hörbar. Das, was wir im Herzen glauben, wird für uns zum Heil, wenn wir es aussprechen. Das gilt nicht nur für das erste Mal, als wir Jesus unser ganzes Leben anvertraut haben und erlöst wurden. Das gilt immer, wenn wir Rettung und Hilfe brauchen. Jesus hat uns in seinem Wort sozusagen einen Blankoscheck gegeben, der schon unterschrieben ist, wir müssen nur noch einfüllen, welche Verheißung wir gerade brauchen. »Denn so viele Verheißungen Gottes es gibt, in ihm ist das Ja, deshalb auch durch ihn das Amen, Gott zur Ehre durch uns« (2. Korinther 1,20).

Unser Glaube funktioniert auf der Basis dessen, wer Jesus ist und was er am Kreuz getan hat, nicht aufgrund dessen, was wir fühlen. Wenn du es schon fühlst, musst du nicht mehr glauben, denn dann ist es schon da. Gott liebt Glauben und belohnt Glauben.

> » Ohne Glauben aber ist es unmöglich, ihm wohlzugefallen; denn wer Gott naht, muss glauben, dass er ist und denen, die ihn suchen, ein Belohner sein wird.
> *Hebräer 11,6*

Das ist der Weg, den Gott sich für uns ausgedacht hat. Gott gibt uns eine Verheißung in seinem Wort, und wir sagen einfach dasselbe wie Gott. Und zwar ganz egal, welche Umstände dagegensprechen, ob andere Menschen dagegensprechen oder ob in uns selbst etwas dagegenspricht. Wir halten stur an Gottes Wort fest und sagen dasselbe wie er. Das ist das Wesen des Glaubens, der eine große Belohnung hat. Denn die Kraft, die übernatürlichen Schätze des Königreiches auf die Erde zu bringen, ist im Wort Gottes, nicht in uns.

Gott möchte, dass wir an seinem Wort festhalten und es aussprechen, weil in seinem Wort die schöpferische Kraft ist, das, was es aussagt, in die sichtbare Realität zu bringen. Wenn Gott etwas sagt, dann ist es so, wie er es sagt. Weil wir ihn kennen, wissen wir, dass er sein eigenes Wort einhält; er ist treu, er ist zuverlässig, er lügt nicht! Unsere Aufgabe ist es, sein Wort einfach festzuhalten.

» Jesus antwortete und sprach zu ihm: Wenn jemand mich liebt, so wird er mein Wort halten, und mein Vater wird ihn lieben, und wir werden zu ihm kommen und Wohnung bei ihm machen.
Johannes 14,23

So wird er mein Wort halten … Das Wort für »halten«, das hier im Griechischen benützt wird, bedeutet nicht »einhalten« im Sinne von befolgen und umsetzen, sondern es bedeutet einfach »halten« im Sinne von »festhalten«. Wenn ich jemanden als vertrauenswürdig kennengelernt habe, und er verspricht mir etwas, werde ich an diesem Versprechen festhalten, denn ich kenne die Integrität dieser Person. So verhält es sich umso mehr mit Gott. Er hat bewiesen, wie sehr er uns liebt, als er Jesus sandte, um uns zu erlösen und die Nähe zu ihm wiederherzustellen.

Wenn wir uns auf etwas verlassen können, dann auf die Verheißungen Gottes.

Seine Worte werden nie vergehen, und sie sind die einzige Konstante in Raum und Zeit. Wenn wir uns auf etwas verlassen können, dann auf die Verheißungen Gottes. Deshalb lasst uns Gottes Wort zu ihm zurücksprechen, damit wir durch Glauben seine Verheißungen auf der Erde in Existenz kommen sehen. Das ist die Erfolgsgarantie in der Fürbitte.

MIT ZUVERSICHT VOR DEN THRON DER GNADE KOMMEN

Jesus, unser Hohepriester, hat die Trennung zwischen uns und Gott wieder aufgehoben. Der Zugang zum Thron der Gnade ist wieder frei zugänglich für uns, und es ehrt Gott, wenn wir ohne Scham und ohne Angst zu ihm kommen. Als Fürbitter ist es so wichtig zu wissen, welche Position im Geist wir haben. Unsere neue Identität ist jetzt Sohn oder Tochter des Allerhöchsten. Gott hat uns gereinigt und gerecht gemacht durch das kostbare Blut von Jesus.

Es erwartet uns kein Vorwurf, wenn wir zum Thron der Gnade kommen. Wir sind willkommen, ja, wir sind dort sogar zu Hause. Unser Vater ist Gott. Er hat unendliche Kraftreserven, eine unbegrenzte Kapazität zuzuhören und sich zu interessieren, er ist nicht zu beschäftigt und ist nicht genervt, wenn wir kommen. Er ist der perfekte Vater, der immer ein offenes Ohr hat. Sein Blick ist immer auf uns gerichtet und gleichzeitig auf alle Menschen, Nationen und Planeten, die es gibt, ohne dass er durcheinanderkommt. Er hat ja sogar noch alle Haare auf unserem Kopf gezählt, sagt Jesus. Und er lacht voller Zuversicht auf seinem Thron über die Pläne seiner Feinde, weil er weiß, dass sein Plan funktioniert (Psalm 2).

> Am Gnadenthron empfangen wir Barmherzigkeit zur rechtzeitigen Hilfe für unsere Anliegen.

Es ist gut, sich das immer wieder vor Augen zu halten, damit wir nicht auf unsere eigene Kraft schauen und von den Nöten dieser Welt überwältigt werden. Und vergessen wir auch nicht, dass wir zu diesem König ohne Bedenken freimütig hinzutreten können. Denn dort am Gnadenthron empfangen wir Barmherzigkeit und Gnade zur rechtzeitigen Hilfe für unsere Anliegen und für die Anliegen, für die wir als Fürbitter im Riss stehen (Hebräer 4,16).

Aktivierung

MALE DICH AM GNADENTHRON.

Es ist immer hilfreich, wenn wir unsichtbare Wahrheiten aufs Papier bringen. Ich habe es schätzen gelernt, mit meinen sehr reduzierten Fähigkeiten (eher Strichmännchen-Niveau) Bibelverse zu malen und damit zu visualisieren, was tatsächlich im Geist geschieht.

Male dich vor dem Gnadenthron, male Jesus auf dem Thron, male die Engel um den Thron und male oder schreibe, was du für bestimmte Situationen oder Fürbitte-Anliegen empfängst. Schreibe auch das Datum dazu, damit du später sehen kannst, was Gott in der Zwischenzeit getan hat.

DAS WORT GOTTES BETEN

Wir wissen nun, dass wir mit Zuversicht zum Thron Gottes kommen können, und dort werden wir alles empfangen, was wir brauchen. Auch wissen wir, dass alle Verheißungen des Wortes Gottes in Jesus Ja und Amen sind und dass wir durch Glauben die Verheißungen empfangen, indem wir einfach am Wort Gottes festhalten und dasselbe sagen wie Gott. Das sind ganz wichtige Grundlagen für unsere Fürbitte-Gebete. Fürbitte ist ja in erster Linie eine Position im Geist, die wir einnehmen, und wir müssen nicht ständig gesprochene Gebete beten, um als Fürbitter effektiv zu sein. Dennoch sind natürlich Fürbitte-Zeiten, in denen wir Gebete sprechen, essenziell und unersetzlich.

Das Schöne ist, dass wir uns dabei gar nicht selbst ausdenken müssen, was wir beten sollen, sondern wir können einfach Gottes Wort als Gebet zu ihm zurücksprechen. Seine Verheißungen, die wir in der Bibel finden, sind Gebete, die auf jeden Fall erhört werden, denn sie entsprechen zu 100 Prozent dem Willen Gottes.

Aktivierung

Wenn du Bibelverse betest, kannst du einfach Verheißungen aus Gottes Wort so umformulieren, dass du deinen Namen einsetzen kannst oder auch den Namen der Stadt oder der Nation, für die du betest.

Viele Anregungen und schon ausformulierte Gebete aus Bibelstellen findest du im Gebetsbuch für die Ernte von Monika Flach.

BETEN, WAS GOTT SCHON VERHEISSEN HAT

Zwei Beispiele

Ein Gebet für dich persönlich nach Hebräer 4,16:
Herr, ich komme zu dir vor deinen Gnadenthron. Ich empfange jetzt deine Gnade für das Gespräch, das ich nachher mit meinem Chef haben werde. Ich empfange deine Kraft, deine Weisheit und deine Klarheit. Danke, dass ich versorgt werde von dir. Danke für deine Gnade.

Ein Gebet für deine Gemeinde nach Epheser 3,14-19:
Herr, ich beuge meine Knie vor dir, dem Vater, dem Vater von allem, was im Himmel und auf der Erde ist. Bitte gib uns in unserer Gemeinde aus deinem großen Reichtum die Kraft, durch deinen Geist innerlich stark zu werden. Lass Christus durch den Glauben immer mehr in unseren Herzen wohnen und uns in deiner Liebe fest verwurzelt und gegründet sein, damit wir mit allen Gläubigen das ganze Ausmaß deiner Liebe erfassen können, die Breite, Länge, Höhe und Tiefe. Bitte lass uns so die Liebe erkennen, die Christus zu uns hat; eine Liebe, die größer ist, als wir es je begreifen werden, sodass uns dein Reichtum immer mehr erfüllt.

DER HIMMEL REAGIERT

Bei der Fürbitte geht es nicht darum, möglichst viele Worte zu machen oder besonders schön formulierte Gebete zu sprechen. Unsere Gebete müssen einfach nur mit dem Wort Gottes, also mit seinem Willen, übereinstimmen, dann bewegen sie das Herz Gottes.

> » Und dies ist die Zuversicht, die wir zu ihm haben, dass er uns hört, wenn wir etwas nach seinem Willen bitten. Und wenn wir wissen, dass er uns hört, was wir auch bitten, so wissen wir, dass wir das Erbetene haben, das wir von ihm erbeten haben.
>
> *1. Johannes 5,14-15*

Auf solche Gebete, die mit dem Willen Gottes übereinstimmen und die mit Glauben gebetet werden, reagiert der Himmel. Alles, was zu Gott im Glauben aufsteigt, kommt als Reaktion Gottes auf unser Gebet wieder auf die Erde. Das lesen wir im Buch der Offenbarung. Da beschreibt Johannes, was er vor dem Thron Gottes gesehen hat. Das ist die geistliche Realität hinter den Kulissen. Lasst uns lernen, beim Beten mit den Augen des Geistes hinzusehen und wahrzunehmen, was hinter den Kulissen, in der unsichtbaren Welt des Reiches Gottes, passiert.

> » Und ein anderer Engel kam und stellte sich an den Altar, und er hatte ein goldenes Räucherfass; und es wurde ihm viel Räucherwerk gegeben, damit er es für die Gebete aller Heiligen auf den goldenen Altar gab, der vor dem Thron ist. Und der Rauch des Räucherwerks stieg mit den Gebeten der Heiligen auf aus der Hand des Engels vor Gott. Und der Engel

nahm das Räucherfass und füllte es von dem Feuer des Altars und warf es auf die Erde; und es geschahen
Donner und Stimmen und Blitze und ein Erdbeben.
Offenbarung 8,3-5

Jedes Gebet hat Auswirkungen. Auf jeden Fall zunächst in der unsichtbaren Welt. Aber es ist nur eine Frage der Zeit, bis sich die Kraft des Gebetes auch in der sichtbaren Welt manifestiert. Ein deutliches Beispiel für diese Tatsache sehen wir in der Apostelgeschichte im Kapitel 10. Da lesen wir von Kornelius, einem Hauptmann der Italischen Kohorte. Er wohnte in Cäsarea und war ein Mann des Gebets. Er gehörte nicht einmal zum Volk Gottes, hatte aber Hunger nach mehr von Gott. Er und seine ganze Familie verehrten den Gott Israels. Er betete allezeit und gab viele Almosen für bedürftige Juden. Dann geschah eines Tages etwas Erstaunliches:

» [Er] sah in einer Erscheinung ungefähr um die neunte Stunde des Tages deutlich, wie ein Engel Gottes zu ihm hereinkam und zu ihm sagte: Kornelius! Er aber sah ihn gespannt an und wurde von Furcht erfüllt und sagte: Was ist, Herr? Er sprach aber zu ihm: Deine Gebete und deine Almosen sind hinaufgestiegen zum Gedächtnis vor Gott. Und jetzt sende Männer nach Joppe und lass Simon holen, der den Beinamen Petrus hat!
Apostelgeschichte 10,3-5

Gleichzeitig hatte Simon Petrus eine Vision, in der Gott ihm erklärte, dass das Evangelium auch zu den Heidenvölkern kommen soll, nicht nur zu den Juden. So war er schon vorbereitet, als die Boten von Kornelius mit der Einladung kamen, und ging tatsächlich mit ihnen mit. Wahrscheinlich musste Gott diese Begebenheit so dramatisch inszenieren, weil es eine Weichenstellung war in der Verkündigungspraxis der jungen Kirche. Ein regelrechter Paradigmenwechsel. Da brauchte es eine stärkere Intervention Gottes, damit der Apostel umdenken konnte.

Jedes Gebet hat Auswirkungen. Auf jeden Fall zunächst in der unsichtbaren Welt.

Nicht immer werden unsere Gebete so außergewöhnlich beantwortet, auch wenn wir das vielleicht gerne hätten. Ich bin mir aber sicher, dass hinter den Kulissen ständig solche Dinge ablaufen, die wir nur nicht immer mitbekommen. Es lohnt sich, mit den Augen des Glaubens genau hinzuschauen. Gott antwortet. Der Himmel reagiert auf jedes Gebet, das mit dem Willen Gottes übereinstimmt. Jedes dieser Gebete wird erhört und hat eine Auswirkung in der sichtbaren Welt.

AUF DEN PUNKT

Im Königreich Gottes ist die Währung der Glaube. Glauben heißt festhalten an Gottes Wort und dasselbe sagen wie er. Dabei ist die Kraft, die unsichtbaren Schätze des Königreiches in die sichtbare Welt zu bringen, immer im Wort Gottes und nicht in uns. Deshalb lasst uns in der Fürbitte Gottes Wort zu ihm zurücksprechen, damit wir durch Glauben seine Verheißungen auf der Erde in Existenz kommen sehen. Alles, was wir nach seinem Willen beten, wird er tun.

Wir können immer mit Zuversicht zu Gottes Thron kommen, weil wir als seine Söhne und Töchter immer willkommen sind. Gott hört jedes unserer Gebete. Die Gebete, die seinem Wort und damit seinem Willen entsprechen, sind immer 100 Prozent wirkungsvoll. Der Himmel reagiert auf unsere Gebete, es ist nur eine Frage der Zeit, bis wir die Auswirkungen in unserer sichtbaren Welt sehen können.

7

Gottes Stimme hören

In der Fürbitte wie auch in unserem täglichen Leben mit Gott ist es wichtig, dass wir hören, was Gott sagt. Denn in einer Beziehung ist Kommunikation enorm wichtig. Eine Beziehung, in der nur eine Person redet, ist ein bisschen einseitig und eigentlich keine echte Beziehung. Auch in der Fürbitte soll unser Gebet keine Einbahnstraße sein, sondern ein Austausch von Herz zu Herz mit unserem Gott. Aber oft scheint es gar nicht so einfach zu sein, Gottes Stimme zu hören.

Für viele Menschen, die ich bei meinen Vorträgen oder Seminaren treffe, ist es nicht normal, alltäglich und leicht, Gottes Stimme zu hören. Das scheint nur etwas für ganz besonders heilige und auserwählte Menschen zu sein. Oder etwas, was man zwar in der Bibel immer wieder liest, aber meint, es selbst noch nie erlebt zu haben. Ganz oft stelle ich dann beim Nachfragen fest, dass Menschen die Erwartung haben, dass sie die Stimme Gottes mit ihren natürlichen Ohren hören, also von außen kommend. Dabei vergessen sie, dass jeder von uns ein Tempel des Heiligen Geistes ist. Der Heilige Geist wohnt in uns, deshalb ist es das Normale, dass die Stimme Gottes von innen kommt, nicht von außen. »Wisst ihr nicht, dass ihr Gottes Tempel seid und der Geist Gottes in euch wohnt?« (1. Korinther 3,16).

Der Heilige Geist wird uns alles erklären und uns an alles erinnern, was Jesus gesagt hat.

Das ist das Großartige, dass der Heilige Geist gekommen ist, weil er in jedem von uns gleichzeitig wohnen und zu uns reden kann. Er wird uns alles erklären und uns an alles erinnern, was Jesus gesagt hat. »Der Beistand aber, der Heilige Geist, den der Vater senden wird in meinem Namen, der wird euch alles lehren und euch an alles erinnern, was ich euch gesagt habe« (Johannes 14,26).

Jesus erklärt ganz genau, warum es so gut ist, dass der Heilige Geist kommt und in jedem von uns Wohnung nimmt. Er sagt, dass der Heilige Geist zu uns reden wird und uns in die ganze Wahrheit leiten wird. Er wird uns auch das Kommende verkünden und er wird Jesus verherrlichen durch das, was er sagt. Wie genial! Was für ein Privileg, Gott selbst in uns wohnen zu haben und dadurch ganz leicht in Kontakt mit ihm zu sein. Jesus spricht im Johannesevangelium auffallend viel über die Tatsache, dass der Heilige Geist zu uns spricht und dass wir Gottes Stimme hören können.

> » Wenn aber jener, der Geist der Wahrheit, gekommen ist, wird er euch in die ganze Wahrheit leiten; denn er wird nicht aus sich selbst reden, sondern was er hören wird, wird er reden, und das Kommende wird er euch verkündigen. Er wird mich verherrlichen, denn von dem Meinen wird er nehmen und euch verkündigen.
> *Johannes 16,13-14*

Es ist sogar ganz selbstverständlich für Jesus, dass wir seine Stimme hören. Denn er bezeichnet sich als unser Hirte, und wir sind seine Schafe: »Wenn er die eigenen Schafe alle herausgebracht hat, geht er vor ihnen her, und die Schafe folgen ihm, weil sie seine Stimme kennen. Einem Fremden aber werden sie nicht folgen, sondern werden vor ihm fliehen, weil sie die Stimme der Fremden nicht kennen« (Johannes 10,4-5).

Jesus sagt, dass seine Schafe seine Stimme kennen und ihm folgen (Johannes 10,27), dass sie aber einem Fremden nicht folgen werden, weil sie seine Stimme nicht kennen. Ist das nicht eine wunderbare Verheißung? Nicht nur, dass wir die Stimme von Jesus hören, sondern dass wir auch sofort unterscheiden können, ob die Stimme, die wir hören, vom guten Hirten kommt oder von jemand anderem.

AUSGANGSPUNKT: FREUNDSCHAFT

Fürbitte ist ein Dialog. Ein Herzensaustausch zwischen uns und Gott. Ich weiß nicht, was du für ein inneres Bild hast, wenn du an Fürbitte denkst.

Jesus hat zu diesem Thema einmal ein Gleichnis erzählt. Darin geht es um die Bedeutung von beständiger Fürbitte, aber mit dem richtigen Gottesbild. In diesem Gleichnis erzählte Jesus von einem ungerechten Richter, der ein harter und gottloser Mann war, und einer Witwe, der jemand Unrecht getan hatte. Die Witwe sprach immer wieder beim Richter vor und forderte ihr Recht ein. So lange, bis der Richter so genervt war, dass er sich entschloss, ihr zu ihrem Recht zu verhelfen, damit die ständigen Besuche endlich aufhörten und sie nicht noch am Ende handgreiflich würde.

Jesus sagt, dass seine Schafe seine Stimme kennen und ihm folgen. Nur ihm, einem Fremden nicht.

Findest du dich in dieser Beschreibung wieder? Siehst du dich manchmal so vor Gottes Thron stehen und dein Recht einfordern? Hast du die innere Vorstellung, als ob du Gott überzeugen müsstest, dass dein Anliegen berechtigt ist, weil du das Gefühl hast, dass er sich eigentlich nicht besonders dafür interessiert?

Achtung! Die Pointe von diesem Gleichnis ist nicht: Du musst einfach lange genug Gott, den harten Richter, nerven, bis er dir irgendwann gibt, was du willst, damit er endlich Ruhe vor dir hat. Nein! Jesus wollte deutlich machen, dass der Vater kein harter

Richter ist, sondern ein liebender Vater. Und wir als Fürbitter sind keine Witwe, sondern seine Söhne und Töchter. Wenn schon ein so schlechter und ungerechter Richter schließlich Gerechtigkeit walten lässt, wie viel mehr ein gerechter und liebevoller Vater, der uns liebt und mit dem wir in inniger Gemeinschaft leben.

» Und der Herr sagte: »Aus dem Handeln dieses ungerechten Richters sollt ihr etwas lernen: Wenn selbst er schließlich ein gerechtes Urteil fällte – wird Gott da nicht seinen Auserwählten, die ihn Tag und Nacht anflehen, ihr Recht verschaffen? Wird er sie vertrösten? Ich sage euch, er wird ihnen Recht verschaffen, und zwar schnell! Doch wenn der Menschensohn wiederkommt, wie viele wird er dann vorfinden, die solch einen Glauben haben?«
Lukas 18,6-8; NLB

Jesus möchte solchen Glauben bei uns vorfinden, dass wir aus dem Wissen heraus beten, dass wir Söhne und Töchter Gottes sind und dass Gott der gerechte Richter und der liebende Vater ist. Dann dürfen wir erwarten, dass Gott unseren Anliegen schnell Recht verschafft. Einen solchen Glauben liebt Gott. Bevor du anfängst zu beten, mach deine Position im Geist als Sohn oder Tochter Gottes noch einmal fest und sprich aus, wer du bist und wer dein Gott ist, und lass das die Voraussetzung sein, mit der du zum Thron der Gnade kommst.

Bevor du zum Thron der Gnade gehst, mache dir bewusst: Du kommst als Sohn oder Tochter.

In Abrahams Leben sehen wir, wie seine Freundschaft zu Gott der Ausgangspunkt für seine Fürbitte für Sodom und Gomorra war. Die Initiative ging dabei von Gott aus. Es hat Gottes Herz berührt, dass Abraham damals bereit war, seinem Ruf zu folgen, alles hinter sich zu lassen und in das Land zu ziehen, das Gott ihm zeigen wollte. Gott schloss einen Bund mit Abraham (damals hieß er noch Abram) und gab ihm die Verheißung, ein Vater vieler Völker zu werden. Immer wieder besuchte Gott Abraham, und bei einem dieser Besuche kam es zu folgendem Dialog:

» Als sie auf Sodom hinabblickten, überlegte der Herr: »Soll ich wirklich Abraham verheimlichen, was ich vorhabe? Von ihm wird ein großes und mächtiges Volk abstammen und alle Völker der Erde werden durch ihn gesegnet werden. Ich habe ihn auserwählt, damit er seine Nachkommen lehrt, nach meinem Willen zu leben und zu tun, was richtig und gerecht ist. Dann werde ich alle meine Versprechen einlösen, die ich ihm gegeben habe.« Und so sprach der Herr zu Abraham: »Zahlreiche Klagen über die Einwohner von Sodom und Gomorra sind mir zu Ohren gekommen. Die Anschuldigungen gegen sie sind in der Tat sehr schwer. Ich will nun hingehen und mich davon überzeugen, ob das wahr ist oder nicht. Sollten die Klagen sich als wahr erweisen, werde ich die Einwohner von Sodom und Gomorra vernichten.«

1. Mose 18,17-21; NLB

Das war ein Austausch von Herz zu Herz. Gott wollte nicht vor seinem Freund geheim halten, was er in der unmittelbaren Nachbarschaft, Sodom und Gomorra, tun wollte. Und Abraham akzeptierte nicht etwa einfach, was Gott sagte, sondern begann mit ihm zu feilschen, wie es bei echten Orientalen eben üblich ist, zumal Abraham nahe Verwandte in Sodom und Gomorra hatte, die er liebte:

» Abraham kam näher heran und fragte: »Willst du etwa die Gerechten zusammen mit den Schuldigen töten? Angenommen, es befinden sich 50 Gerechte in der Stadt: Willst du sie dann wirklich töten? Wirst du den Ort dann nicht wegen der 50 Gerechten verschonen? Ganz sicher würdest du die Gerechten nicht zusammen mit den Schuldigen töten und die einen genauso behandeln wie die anderen! Sollte nicht der Richter der ganzen Welt gerecht handeln?« Und der HERR antwortete ihm: »Wenn ich in Sodom 50 Gerechte finde, werde ich um ihretwillen die ganze Stadt verschonen.«
1. Mose 18,23-26; NLB

So ging es noch ein paarmal hin und her, bis Abraham den Herrn auf zehn Gerechte heruntergehandelt hatte. Und Gott ließ sich darauf ein. Das war ein echter Dialog, ein Austausch von Herz zu Herz, wie es unter Freunden üblich ist. Leider ging die Geschichte für Sodom und Gomorra nicht gut aus, da Gott nicht einmal zehn Gerechte dort fand. Aber es zeigt uns, wie Freundschaft mit Gott aussehen kann.

Gott schreibt nicht jedes Detail vor, er lässt uns Wahlmöglichkeiten, wir dürfen unsere Meinung sagen, unsere Wünsche zum Ausdruck bringen. Aber immer mit offenen Händen, denn letztendlich sind die Wege Gottes und seine Gedanken höher und besser als unsere. Wir sehen am Leben von Abraham, dass Fürbitte ein Dialog ist. Gott möchte uns nicht klein und dumm halten, sondern er möchte, dass wir ihn kennenlernen und sein Herz verstehen. Es geht ihm um Nähe und Beziehung zu uns.

Echte Autorität im Gebet entsteht immer durch Intimität mit Gott. Der beste Ausgangspunkt für jede Fürbitte ist, ein Freund Gottes zu sein.

GOTT SPRICHT AUF ALLEN KANÄLEN

Gott ist kommunikativ, er spricht, er teilt sich mit. Gott ist auch in der Lage, so mit uns zu sprechen, dass wir es verstehen und mitbekommen. Unsere Aufgabe ist es, die Beziehung zu Gott zu kultivieren, dafür zu sorgen, dass die Begegnung mit Gott stattfindet. Denn Gott ist immer da, nur oft sind wir nicht da.

Oft sind wir nicht geistlich wach, sondern abgelenkt, zu beschäftigt, in Gedanken in der Vergangenheit oder in der Zukunft. Gott hat genügend Kommunikationskompetenz, um sich verständlich zu machen. Wir müssen nur dafür sorgen, dass wir auf Empfang sind. Gott spricht, wir lernen zu hören. Gott spricht so einfach und klar, dass sogar du und ich es verstehen können. »Meine Schafe hören meine Stimme«, sagt Jesus in Johannes 10,27. Wie froh bin ich, dass er gesagt hat, dass er der Hirte ist und wir die Schafe.

> Es ist die Verantwortung des Hirten, so zu sprechen, dass die Schafe wissen, was er meint.

Schafe sind nicht für ihre außergewöhnlichen kognitiven Fähigkeiten und ihre Intellektualität bekannt. Manchmal zieht eine Wanderschafherde an meinem Haus vorbei, und ich kann mit eigenen Augen beobachten, wie das Verhältnis zwischen Schafen und Hirte ist. Was ich mit Sicherheit sagen kann, ist, dass die Schafe keine Ahnung haben, wo sie hingehen und was sie machen sollen. Es ist für den Hirten gar nicht einfach, sie auf dem richtigen Weg zu halten, damit sie nicht über die gefährliche, stark befahrene Straße laufen. Es ist die Verantwortung des Hirten, so zu sprechen und zu handeln, dass die Schafe wissen, was er meint.

Wenn Gott zu dir spricht, kann das ganz unterschiedlich aussehen:

- Gott spricht natürlich immer durch sein Wort, die Bibel. Manchmal kann es sein, dass bestimmte Bibelverse beim Bibellesen regelrecht aus der Seite springen und vom Heiligen Geist hervorgehoben werden. Oder der Heilige Geist erinnert dich an bestimmte Bibelverse und spricht dadurch zu dir. Auch in einer Predigt kann ein Bibelvers besonders deutlich zu dir sprechen.
- Gott spricht in deine Gedanken. Das Reden Gottes bricht ein in etwas Gewöhnliches, Alltägliches. Auf einmal kommen Gedanken oder Situationen, die das Gewöhnliche durchbrechen und die nicht gleich wieder verschwinden. Es gilt, aufmerksam zu sein. Es sind Gedanken, die besser und deutlicher sind als deine eigenen.
- Gott spricht durch innere Bilder, die deutlicher und besser sind als deine normale Vorstellungskraft.
- Gott spricht durch Träume. Nicht alle Träume sind von Gott, aber vielleicht mehr, als wir meinen. Es empfiehlt sich, ein Traumtagebuch zu führen. Schreib alle Träume auf, an die du dich beim Aufwachen noch erinnern kannst. Später kannst du dann vielleicht immer mehr verstehen, wie Gott durch Träume zu dir spricht, und du wirst auch deutlich sehen, welche Träume bedeutsam sind und welche eher dem späten Abendessen geschuldet sind.
- Gott spricht durch andere Menschen. Nicht immer, aber manchmal schon. Plötzlich wird ein Satz, den jemand sagt, besonders kraftvoll und hallt in dir nach. Der Heilige Geist in dir gibt dir eine Bestätigung, dass dieses Wort für dich ist.
- Gott spricht durch Lieder. Nicht nur durch Lobpreislieder. Manchmal auch durch Lieder im Radio oder Lieder, die beim Einkaufen im Supermarkt gespielt werden. Wiederum kann

es sein, dass du plötzlich einen Satz oder den Refrain besonders deutlich hörst und Gott dadurch zu dir spricht.

- Gott spricht durch außergewöhnliche Situationen. Alles, was plötzlich laut und deutlich wird. Was hervorsticht, was vielleicht sogar eine Antwort ist auf deine Frage, die du Gott gestellt hast. Zum Beispiel hat Gott schon zu mir durch eine Aufschrift auf einem LKW gesprochen, den ich auf der Autobahn überholt habe. Ich war unterwegs zu einem Seminar, das ich halten sollte, und war ins Gebet vertieft. Ich bat Gott, er möge während des Seminars das Feuer des Heiligen Geistes fallen lassen. Und da überholte ich den LKW, auf dem stand: *Fire in the house!* Für mich war das ein Reden Gottes, die Antwort: »Ja, du wirst es erleben, dass der Heilige Geist mit Feuer kommt.« Und so war es auch.
- Gott spricht durch seinen Frieden in dir. Durch eine tiefe innere Gewissheit, dass das, was du gehört hast, sei es in deinen Gedanken oder auf andere Weise, von ihm ist.

Gott spricht auf allen Kanälen, wenn wir geistlich wach sind und geöffnete Ohren haben. Natürlich ist es gut zu wissen, ob es wirklich Gottes Stimme war oder nicht. Deshalb ist es wichtig, auf bestimmte Kriterien zu achten, anhand derer wir unterscheiden können, ob das, was wir gehört haben, von Gott ist oder nicht.

UNTERSCHEIDUNGSKRITERIEN

Die drei Kriterien, die ich nennen werde, sind keine vollständige Liste, aber sie erscheinen mir als sehr hilfreich. Mit der Zeit werden wir immer geübter und mutiger, wenn es darum geht, auf Gottes Reden und seine Impulse zu hören und zu reagieren.

1. **Diagnosefrage: Schmeckt das nach Leben?**
   Gott spricht nicht durch Scham, Angst oder Verdammnis. Gottes Stimme bringt Leben, Hoffnung und Freude. Was du gehört hast, sollte die Atmosphäre des Königreiches Gottes widerspiegeln, sollte den Duft nach Leben, nach Frieden, Freude und Gerechtigkeit verbreiten.
2. **Gott widerspricht sich nicht.**
   Die Offenbarung der Bibel muss mit deinem Eindruck übereinstimmen. Ein etwas absurdes Beispiel zur Verdeutlichung: Wenn du etwas stehlen möchtest und der Gedanke daran schmeckt für dich nach Leben und erzeugt Frieden und Freude in dir, dann ist er trotzdem nicht von Gott, weil er in seinem Wort deutlich gesagt hat, dass wir nicht stehlen sollen. Auch ein aus dem Zusammenhang gerissener Bibelvers kann nicht alleine stehen und sollte mit dem Gesamtzeugnis der Schrift übereinstimmen.
3. **Gott zieht einen roten Faden durch dein Leben.**
   Gott hat eine Vision für dein ganzes Leben und auch für das Leben von anderen Menschen, Nationen, Städten und Familien. Wenn es um gewichtige Entscheidungen geht, spricht Gott immer wieder dasselbe. In der Regel hast du das schon ein paarmal gehört, bevor es soweit ist. Denn Gott möchte, dass du Glauben dafür bekommst, und oft sind auch noch ein paar Entwicklungsschritte nötig. Er weiß, dass wir meistens ein bisschen Vorlauf brauchen, und nicht selten zieht sich Gottes Führung schon durch unsere ganze Kindheit. Wenn du heute einen Eindruck hast, dass sich dein Leben drastisch ändern wird, dann schau mal, ob Gott vorher so etwas schon einmal zu dir gesagt hat. Wenn nicht, leg deinen Eindruck »aufs Regal« und warte, ob Bestätigungen kommen. Gott hat

keine Eile, und er hat viel Geduld. Gott spricht über lange Zeit, sein Reden ist beständig.

AUF DEN PUNKT

Der Heilige Geist wohnt in uns, deshalb kommt das Reden Gottes normalerweise ganz natürlich von innen und nicht von außen mit einer hörbaren Stimme. Das kann schon auch einmal passieren, ist aber eher nicht die Regel. Jesus, der gute Hirte, sagt, dass wir seine Schafe sind und deshalb seine Stimme hören können. Fürbitte soll kein Monolog, sondern ein Dialog sein, weil sie aus der Beziehung und Freundschaft mit Gott entspringen soll.

Gott ist ein Gott, der es liebt zu kommunizieren, und unsere Verantwortung ist es, auf Empfang zu sein, geistlich wach zu sein. Gott spricht auf allen Kanälen, und wenn wir offen dafür sind, werden wir sein Reden auf vielerlei Weise wahrnehmen. Bestimmte Unterscheidungskriterien helfen uns, herauszufinden, ob das, was wir gehört haben, von Gott war oder nicht.

Aktivierung

Schreibe einen Brief an dich selbst aus der Perspektive Gottes.

Als Vorbereitung öffne dich für das Reden des Heiligen Geistes. Bitte ihn, zu dir zu sprechen und dir das Herz des Vaters zu offenbaren.

Jetzt schreibe so, als ob Gott direkt zu dir spricht. Fang an mit: »Meine geliebte Tochter« oder »Mein geliebter Sohn«, und dann schreib einfach auf, was dir in den Sinn kommt. Überlege beim Schreiben nicht, ob das von Gott sein kann oder nicht. Erst wenn du fertig bist, kannst du anhand der drei Kriterien überprüfen, ob da ein Reden Gottes für dich drin war oder nicht.

Wenn du dir unsicher bist, zeig den Brief jemandem, der schon geübter ist in der Unterscheidung.

GOTTES STIMME HÖREN

8

Den Körper Gott zur Verfügung stellen

Fürbitte ist mehr eine Position, die wir im Geist einnehmen, als die Menge der Worte, die wir im Gebet sprechen. Natürlich werden wir auch Gebete sprechen, aber Fürbitte ist etwas Ganzheitliches. Sie bezieht unser ganzes Sein mit ein, unsere Gefühle, unseren Körper, unsere Träume, unsere Beziehung mit Jesus, unser Verhältnis zu anderen Menschen, einfach jeden Bereich unseres Lebens.

Es ist wichtig, dass wir verstehen, dass unser Leben mit Gott nicht getrennt von unserem »Privatleben« stattfindet, in dem wir ohne Gott klarkommen müssen oder wollen. Vielmehr gibt es für Söhne und Töchter des allerhöchsten Königs kein »Privatleben« mehr, in dem wir ohne unsere Identität als Königssöhne und -töchter leben. Wir sind 7 Tage die Woche und 24 Stunden des Tages im Vollzeitdienst für Gott, und wir sind immer Söhne und Töchter des Königs und damit Repräsentanten des Königreiches. Das heißt natürlich nicht, dass wir keine Hobbys, Urlaube oder Dinge, die Spaß machen, mehr haben dürfen. Sondern es bedeutet, dass wir auch unsere Freizeit und unseren Familienalltag, genauso wie unseren Arbeitsalltag, zusammen mit Gott erleben und fröhliche Gemeinschaft mit ihm haben können. Jeder Bereich unseres Lebens ist im Reich Gottes und ist heilig. Und Jesus ist gekommen, um uns Leben im Überfluss zu geben. Er ist das Leben in Person, und in seiner Gegenwart ist echtes Leben und Fülle erst möglich.

Als Kind Gottes gehört jeder Bereich meines Lebens ist im Reich Gottes und ist heilig.

Ob wir arbeiten, Sport machen, uns mit Freunden treffen oder ob wir gerade Stille Zeit machen oder im Gottesdienst sind: Es gibt für uns, die wir von Neuem geboren sind und versetzt vom Reich der Finsternis in das Reich des Sohnes seiner Liebe (Kolosser 1,13), nichts Profanes mehr, denn wir sind immer im Königreich Gottes. Nicht nur am Sonntag im Gottesdienst oder in unserer Stillen Zeit oder im Hauskreis haben wir Gemeinschaft mit Jesus, sondern immer. Weil wir immer in der Gegenwart Gottes sind und weil der Heilige Geist immer in uns lebt, ist alles in unserem Alltag für uns und für Gott heilig. Teresa von Ávila hat Gott auch zwischen den Töpfen und Pfannen gefunden, und genauso können wir Gott jederzeit finden und seine Gegenwart genießen.

Es geht darum, geistlich wach zu sein und damit zu rechnen, dass Gott zu uns spricht und uns etwas von seinem Herzen mitteilt. Als Fürbitter sind wir sozusagen 24/7 in Rufbereitschaft. Das klingt doch nach einem spannenden Leben. Wir sind so eine Art Agent im Dienst seiner Majestät des Königs aller Könige mit der Lizenz zum Beten und allezeit bereit, einen neuen Auftrag zu empfangen.

DEIN KÖRPER HAT GEISTLICHE BEDEUTUNG

Genauso wie jeder Bereich unseres Lebens, so gehört auch jeder Teil von uns dem Herrn. Nicht nur unser Geist und unsere Seele, sondern auch unser Körper. Gott möchte nicht nur unser Herz haben, er will uns ganz!

Viele von uns sind mit Kindergebeten aufgewachsen, die uns ein bestimmtes Bild gegeben haben, wie Gott mit uns leben möchte: »Ich bin klein, mein Herz mach rein, soll niemand drin wohnen als Jesus allein.« Wenn wir immer nur gehört haben: »Gib Jesus dein Herz, lass ihn dort wohnen und auf dem Thron deines Herzens sein«, dann hat das unsere Vorstellung davon geprägt, wie ein Leben mit Gott aussieht. Unser Gottesbild bestimmt unser Gebetsleben.

Aber die Bibel spricht von ganz anderen Dimensionen des Gebets und des Lebens mit Gott. Paulus beschreibt im Römerbrief, wie ein richtig vernünftiger Dienst für Gott aussieht:

> » Ich ermahne euch nun, Brüder, durch die Erbarmungen Gottes, eure Leiber darzustellen als ein lebendiges, heiliges, Gott wohlgefälliges Opfer, was euer vernünftiger Gottesdienst ist.
> *Römer 12,1*

Aha, so sieht also ein vernünftiger Gottesdienst aus: Gib dem Herrn deinen Körper als lebendiges, heiliges und Gott wohlgefälliges Opfer. Unser Körper ist Gott offensichtlich sehr wichtig. Der Körper ist durch die neue Geburt auch im Reich Gottes und ist angeschlossen an die übernatürliche Versorgung des Königreiches – nicht nur unser Geist und unsere Seele.

Weil wir ganzheitliche Wesen sind, bestehend aus Körper, Seele und Geist, gibt es zwischen allen drei Bereichen Wechselwirkungen. Das hat seit vielen Jahren auch die Medizin erkannt, und sie beschäftigt sich daher mit der Psychosomatik, also der Wechselwirkung zwischen Körper und Seele. Aber auch Körper und Geist sind miteinander verbunden, und deshalb hat alles, was wir mit unserem Körper machen, auch geistliche Auswirkungen.

Gott möchte, dass wir ihm unseren Körper als lebendiges Opfer hingeben. Ein lebendiges Opfer hat allerdings die Tendenz, immer wieder vom Altar »herunterzuspringen«. Deshalb reicht es nicht, den Leib einmal Gott hinzugeben, sondern es wird immer wieder einmal nötig sein, diese Hingabe zu erneuern.

Der Körper ist heilig in Gottes Augen. Das Wort »heilig« bedeutet im Hebräischen eigentlich »anders, andere Kategorie«. Wenn wir von Gottes Heiligkeit sprechen, meinen wir, dass er einer anderen Kategorie angehört, er ist anders, nicht zu vergleichen mit irgendetwas oder irgendjemand. Wenn etwas dem Herrn heilig ist, dann ist es abgesondert für den Gebrauch des Herrn und für nichts anderes mehr zu gebrauchen. So viel Würde und Wert gibt Gott unserer menschlichen Existenz, unserem Leib. Er ist der Tempel des Heiligen Geistes und wir sollen nun Gott mit unserem Leib verherrlichen, weil wir nicht mehr uns selbst gehören.

> » Oder wisst ihr nicht, dass euer Leib ein Tempel des Heiligen Geistes in euch ist, den ihr von Gott habt, und dass ihr nicht euch selbst gehört? Denn ihr seid um einen Preis erkauft worden. Verherrlicht nun Gott mit eurem Leib!
>
> *1. Korinther 6,19*

Geistliche Autorität in der Fürbitte steht also in einem engen Zusammenhang mit unserem Körper. Der Körper ist geistlich bedeutsam und darf nicht von unserem geistlichen Leben abgespalten werden. Das platonisch-dualistische Weltbild hat uns auch in diesem Bereich einiger Wahrheiten beraubt, indem es uns eingeredet hat, dass alles Körperliche nicht heilig und nicht so wertvoll ist wie das Geistliche. Auch bestimmte Strömungen der Reformation haben uns Wahrheiten vorenthalten, was Körperlichkeit, Kunst, Schönheit und Genuss betrifft. Schätze, die wir uns wieder zurückerobern müssen. Mit dem Wunsch, heilig und Gott wohlgefällig zu leben, wurde das Kind mit dem Bade ausgeschüttet, und Kunst, Bilder, Skulpturen, Tanz, Feierkultur und Schönheit wur-

Aber Gott liebt Menschen und hat ein ganzes Ja zu unserer Körperlichkeit.

den als unheilig und als unvereinbar mit der Jesus-Nachfolge abgelehnt. Aber Gott liebt Menschen. Er hat ein ganzes Ja zu unserer Körperlichkeit.

Gottes Menschenliebe ist unfassbar groß. So groß, dass Jesus Mensch werden und bleiben wollte. Er hätte ja sagen können: »Für die 33 Jahre auf der Erde nehme ich es eben auf mich, in diesem Menschenkörper zu sein, aber danach lege ich ihn schnell wieder ab.« Aber so war es nicht. Jesus hat sich so sehr mit uns identifiziert, dass er immer noch in menschlicher Gestalt ist. Selbst nachdem er sein Erlösungswerk am Kreuz vollendet hat, von den Toten auferstanden und dann in den Himmel zurückgegangen ist, hat er seine menschliche Gestalt nicht abgelegt. Das bezeugt uns Johannes im Buch der Offenbarung:

» Und ich wandte mich um, die Stimme zu sehen, die mit mir redete, und als ich mich umwandte, sah ich sieben goldene Leuchter, und inmitten der Leuchter einen, gleich einem Menschensohn, bekleidet mit einem bis zu den Füßen reichenden Gewand, und an der Brust umgürtet mit einem goldenen Gürtel.
Offenbarung 1,12-13

Gottes Menschenliebe ist eines der größten Mysterien und wird uns in der Ewigkeit immer wieder zum Staunen bringen.

» Als aber die Güte und die Menschenliebe unseres Retter-Gottes erschien, rettete er uns, nicht aus Werken, die, in Gerechtigkeit vollbracht, wir getan hätten, sondern nach seiner Barmherzigkeit durch die Waschung der Wiedergeburt und Erneuerung des Heiligen Geistes.
Titus 3,4-5

Gott hat ein vollständiges Ja zu deinem Körper. Versöhne dich mit deinem Körper! Der Körper ist der Tempel des Heiligen Geistes. Es gefällt Gott, dem Heiligen Geist, in deinem Körper zu wohnen. Der Körper ist Gott heilig und wohlgefällig. Der Körper soll Gottes Herrlichkeit offenbaren, tragen und verbreiten. Auch der Körper ist teuer erkauft durch das Blut des Lammes und gehört Gott.

Aktivierung

ICH SAGE JA ZU MEINEM KÖRPER

Gott liebt unseren Körper, und weil wir auch lieben lernen wollen, was Gott liebt, ist es wichtig, ganz bewusst Ja zu unserem Körper zu sagen. Dafür stelle dich bitte vor einen Spiegel, sodass du dich ganz sehen kannst. Vielleicht fällt es dir leicht, dich liebevoll anzusehen, aber vielleicht hast du auch mit Selbstablehnung zu kämpfen. Dann stell dir doch mal vor, wie es wäre, wenn du eine Firma hättest, und du würdest zu deinem Mitarbeiter jeden Tag sagen, wie hässlich er ist und wie wenig du ihn magst. Diesen Mitarbeiter würdest du damit sehr entmutigen und bestimmt bald verlieren.

Sag jetzt aus vollem Herzen Ja zu deinem Körper. Danke dem Herrn, dass er dir genau diesen Körper gegeben hat. Sag deinem Körper, dass er schön ist. Danke ihm, dass er dir so gut und treu gedient hat. Danke deinen Beinen, dass sie dich so zuverlässig bis zum heutigen Tag getragen haben. Danke allen Teilen deines Körpers, dass sie dir das Leben ermöglichen, das du hast.

Jetzt schau noch mal mit den Augen des Geistes hin und sieh, dass der Heilige Geist sich deinen Körper als Tempel ausgesucht hat und es liebt, darin zu wohnen. Heiße den Heiligen Geist noch einmal herzlich in deinem Körper willkommen. Danke ihm, dass er so nahe ist, wie dir kein Mensch sein kann.

WAFFEN DER GERECHTIGKEIT

Als Nachfolger von Jesus gehört alles, was wir sind und haben, dem Herrn. Paulus wird in Kapitel 6 des Römerbriefes noch konkreter und fordert uns auf, dem Herrn die Glieder unseres Leibes als Waffen oder Werkzeuge der Gerechtigkeit zur Verfügung zu stellen.

> » So auch ihr: Haltet euch der Sünde für tot, Gott aber lebend in Christus Jesus! So herrsche nun nicht die Sünde in eurem sterblichen Leib, dass er seinen Begierden gehorcht; stellt auch nicht eure Glieder der Sünde zur Verfügung als Werkzeuge der Ungerechtigkeit, sondern stellt euch selbst Gott zur Verfügung als Lebende aus den Toten und eure Glieder Gott zu Werkzeugen der Gerechtigkeit!
> *Römer 6,11-13*

Das griechische Wort für »Werkzeuge« wird zum Teil auch mit »Waffen« übersetzt. Werkzeuge oder Waffen der Gerechtigkeit, das bedeutet, alles, was der Körper tut, hat geistliche Auswirkungen. Was du mit deinem Körper in der Anbetung tust, hat geistliche Auswirkungen. Was du mit deinem Körper in der Fürbitte tust, hat geistliche Auswirkungen. Du kannst deinen Körper als geistliches Werkzeug oder geistliche Waffe einsetzen.

Im Buch der Könige lesen wir zu dieser Realität eine Begebenheit mit dem Propheten Elisa und dem König Joasch von Israel. Als der Prophet Elisa im Sterben lag, kam der König Joasch von Israel zu ihm, um sich zu verabschieden, und weinte an seinem Krankenbett. Da forderte ihn Elisa auf, Bogen und Pfeile zu holen. Und dann geschah etwas Merkwürdiges:

Du kannst deinen Körper als geistliches Werkzeug oder geistliche Waffe einsetzen.

» Da sagte Elisa zu ihm: »Hole einen Bogen und Pfeile! Und er holte ihm Bogen und Pfeile.« Und er sagte zum König von Israel: »Spanne den Bogen!« Da spannte er ihn; und Elisa legte seine Hände auf die Hände des Königs. Und er sagte: »Öffne das Fenster nach Osten!« Und er öffnete es. Und Elisa sagte: »Schieß!« Und er schoss. Da sagte er: »Ein Rettungspfeil des Herrn und ein Rettungspfeil gegen Aram! So wirst du bei Afek Aram schlagen bis zur Vernichtung.« Dann sagte er: »Nimm die Pfeile!« Und er nahm sie. Und er sagte zum König von Israel: »Schlag auf die Erde!« Und er schlug dreimal und hielt inne. Da wurde der Mann Gottes zornig über ihn und sagte: »Zu schlagen war fünf- oder sechsmal, dann hättest du Aram bis zur Vernichtung geschlagen. Jetzt aber wirst du Aram nur dreimal schlagen.«

2. Könige 13,15-19

Das ist eine interessante Geschichte; so wie König Joasch mit den Pfeilen auf den Boden schlug, hatte es geistliche Auswirkungen auf das Geschick des Volkes Israel. Das, was Joasch in seiner Position und mit seiner Autorität als König von Israel im Sichtbaren mit seinem Körper tat, verursachte eine Verschiebung in der unsichtbaren Welt. Dies verdeutlicht, dass unser Körper ein Werkzeug oder eine Waffe auch in der unsichtbaren Welt ist.

Körper, Seele und Geist sind eins und untrennbar miteinander verbunden. Zum Beispiel hat man herausgefunden, dass wenn man eine Minute lang lächelt, auch wenn einem gar nicht zum Lächeln zumute ist, die Muskeln beim Lächeln auf Nerven drücken, die wiederum dem Gehirn signalisieren, dass man gute Laune hat, und dann werden entsprechende Glückshormone freigesetzt. Es müssen nicht zuerst die Gefühle da sein, man kann sich auch glücklich lächeln, glücklich predigen, glücklich tanzen oder durch entsprechenden Körpereinsatz glücklich lobpreisen.

Hast du schon einmal gemerkt, dass du mit deinem Körper den Rest von dir informieren kannst, dass du jetzt wach und präsent bist?

Stell dir vor, du kommst am Morgen in die Arbeit und es beginnt eine Besprechung, die du leitest. Du wirst dich nicht entspannt in deinem Stuhl zurücklehnen und die Füße auf den Tisch legen, sondern du wirst dich gerade aufsetzen oder aufstehen und eine entschlossene Haltung einnehmen und schon mit deinem Körper signalisieren, dass du hier die Leitung hast.

Genauso funktioniert das, wenn du betest. Setze mit deinem Körper Impulse, steh auf, nimm eine entschlossene Haltung ein und teile deiner Seele und deinem Geist mit, dass es jetzt losgeht.

Aktivierung

GOTT DEN KÖRPER ZUR VERFÜGUNG STELLEN

Lieber Herr Jesus,

ich gehöre dir mit allem, was ich bin und habe. Ich bin teuer erkauft durch dein Blut, und ich stelle dir meinen Körper als Werkzeug und Waffe der Gerechtigkeit zur Verfügung. Danke, dass du in meinem Körper wohnst.

Nimm meine Hände, meine Füße, meine Arme, meinen Mund, meine Augen, meine Ohren, nimm meinen ganzen Körper.

Gebrauche du meine Hände und Arme, um Menschen zu berühren mit deiner Liebe und Herrlichkeit. Gebrauche meine Ohren, um zu hören, was du sagst. Gebrauche meinen Mund, um deine Worte, die Geist und Leben sind, zu sprechen. Gebrauche du mich, um Festungen des Feindes niederzureißen, um Gefangene zu befreien, um deine Heilungskraft zu Menschen fließen zu lassen.

Ich gebe dir meinen Körper als ein lebendiges, heiliges und Gott wohlgefälliges Opfer hin. Wirke du durch mich, so wie es dir gefällt.

Amen.

DER HEILIGE GEIST HILFT UNS BEIM BETEN

Der Heilige Geist, der in unserem Körper wohnt, hilft uns beim Beten. Er gebraucht dabei unsere Gefühle, unser Lachen, unsere Tränen, unser Seufzen und unsere körperlichen Empfindungen ähnlich wie Geburtswehen, um geistliche Dinge zur Geburt zu bringen. Paulus war erfüllt mit dem Geist des Gebets und des Flehens. Er hat es erlebt, dass der Heilige Geist durch und in ihm gebetet hat und ihm geholfen hat, Fürbitte zu tun. Im 8. Kapitel des Römerbriefs beschreibt er das folgendermaßen:

» Der Heilige Geist hilft uns in unserer Schwäche. Denn wir wissen ja nicht einmal, worum oder wie wir beten sollen. Doch der Heilige Geist betet für uns mit einem Seufzen,
das sich nicht in Worte fassen lässt. Und der Vater, der alle Herzen kennt, weiß, was der Geist sagt, denn der Geist bittet für die, die zu Gott gehören, wie es dem Willen Gottes entspricht.
Römer 8,26-27; NLB

Den Geist des Gebets und des Flehens erwähnt Paulus im Philipperbrief noch einmal:

> » Seid um nichts besorgt, sondern in allem sollen durch Gebet und Flehen mit Danksagung eure Anliegen vor Gott kundwerden; und der Friede Gottes, der allen Verstand übersteigt, wird eure Herzen und eure Gedanken bewahren in Christus Jesus.
> *Philipper 4,6-7*

Und im Brief an die Galater schreibt Paulus sogar davon, dass er in der Fürbitte für sie Geburtswehen erleidet, damit Christus in ihnen Gestalt gewinnt: »Meine Kinder, um die ich abermals Geburtswehen erleide, bis Christus in euch Gestalt gewonnen hat« (Galater 4,19).

Das ist eine echte geistliche Erfahrung, die mit echten körperlichen Empfindungen einhergeht. Es ist nicht nur ein etwas dramatisches Sprachbild für ein ernsthaftes Gebet. Diese Art von Fürbitte geht mitten durch den Fürbitter hindurch. Wenn wir uns dem Heiligen Geist mit Leib, Seele und Geist zur Verfügung stellen, dann werden wir erleben, dass wir die Gefühle Gottes fühlen werden. Manchmal werden wir lachen, manchmal weinen und manchmal werden wir zornig werden über die Ungerechtigkeit. Und es werden nicht allein unsere menschlichen Gefühle sein. Wenn diese Gefühle und körperlichen Empfindungen vom Heiligen Geist geschenkt sind, dann empfinden wir tief unten drunter seinen Frieden. Wenn dann die Gebetslast sich wieder hebt, sind wir wieder frei und unbeschwert und glücklich.

> Wenn wir uns dem Heiligen Geist mit Leib, Seele und Geist zur Verfügung stellen, dann werden wir die Gefühle Gottes fühlen.

Fürbitte-Aufträge dürfen nie auf unserer Seele landen, sondern müssen immer im Geist aufgenommen werden. Dann können sie in unserer Seele und in unserem Körper Ausdruck finden. Aber wir dürfen sie nie aus eigener Kraft mit uns herumschleppen, sondern müssen sie immer wieder an Gott abgeben. Letztendlich ist es ja nur seine Kraft, die die Wunder hervorbringt. Es ist seine Weltregierung, und er nimmt uns mit hinein, damit wir ihn kennenlernen und mündig werden. Aber wir tragen nicht die ganze Welt in unserer Hand – das tut Gott. Die Herrschaft liegt allein auf seiner Schulter, nicht auf unserer.

Auch Tränen können Fürbitte sein; selbst wenn das Gebet nur innerlich ist und keine Worte zu hören sind, der Herr hört es. Die Geschichte von Hanna, der Mutter des Propheten Samuel, verdeutlicht diese Art der Fürbitte:

» Und sie war in ihrer Seele verbittert, und sie betete zum Herrn und weinte sehr. Und sie legte ein Gelübde ab und sprach: Herr der Heerscharen! Wenn du das Elend deiner Magd ansehen und meiner gedenken und deine Magd nicht vergessen wirst und deiner Magd einen männlichen Nachkommen geben wirst, so will ich ihn dem Herrn alle Tage seines Lebens geben. Und kein Schermesser soll auf sein Haupt kommen. Und es geschah, als sie lange vor dem Herrn betete, achtete Eli auf ihren Mund. Hanna aber redete in ihrem Herzen. Nur ihre Lippen bewegten sich, aber ihre Stimme hörte man nicht. Da meinte Eli, sie sei betrunken.
1. Samuel 1,10-13

Der Herr reagiert auf solche Gebete. In Psalm 56 lesen wir davon, dass er sogar jede unserer Tränen sammelt und in seinem Buch aufschreibt. »Du zählst alle meine Klagen. Sammle alle meine Tränen in einem Gefäß. Du hast doch jede einzelne in deinem Buch festgehalten« (Psalm 56,9; NLB).

Im Riss stehen, heißt nicht unbedingt, viele Worte machen, es geht um eine Position im Geist, eine Wächterposition, und um eine Ganzhingabe an Gott mit Körper, Seele und Geist. Dann verwendet sich der Heilige Geist für uns mit unaussprechlichen Seufzern, mit Lachen, Weinen oder sogar mit geistlichen Geburtswehen, die man sehr körperlich wahrnimmt.

Daniel Nash (1775–1831) war der Hauptfürbitter des großen US-amerikanischen Erweckungsevangelisten Charles Finney (1792–1875). Bevor Finney in eine Stadt kam, um zu predigen, schickte er Father Nash, wie ihn alle nannten, mit einem Fürbitte-Team mehrere Tage vorher in die Stadt, um die Evangelisation im Gebet vorzubereiten. Manchmal kam Father Nash schon zwei Wochen vorher, mietete sich in einer billigen Unterkunft ein und begann mit zwei oder drei Fürbittern zu fasten und zu beten, damit die Menschen dieser Stadt errettet würden. Bei einer dieser Gelegenheiten ereignete sich folgende Begebenheit, die Charles Finney erzählte:

» Als ich in die Stadt kam, um eine Erweckungsveranstaltung zu starten, kontaktierte mich eine Frau, die eine Pension leitete. Sie sagte: »Bruder Finney, kennen Sie einen Father Nash? Er und zwei andere Männer sind seit drei Tagen in meiner Pension, aber sie haben noch keinen Bissen gegessen. Ich öffnete die Tür und schaute ins Zimmer, denn ich konnte sie vor Schmerzen stöhnen hören, und ich sah, dass sie mit dem Angesicht auf dem Boden lagen. So geht das schon drei Tage lang, sie liegen auf dem Boden und stöhnen. Ich glaube, es ist ihnen etwas Schreckliches zugestoßen. Ich hatte Angst, hineinzugehen und wusste nicht, was ich tun sollte. Würden Sie bitte kommen und nach ihnen sehen?« »Nein, das ist nicht nötig«, sagte ich. »Sie haben nur den Geist des Gebets und erleiden gerade geistliche Geburtswehen.«[6]

Father Nash und sein Fürbitte-Team hatten sozusagen durch ihre Fürbitte die ganze Stadt im Geist zur Geburt gebracht. Als Charles Finney dann anfing zu predigen, fand er einen offenen Himmel vor, hungrige, ja verzweifelte Menschen, die wissen wollten, wie sie errettet werden können. Der Boden war vorbereitet. Das ist die Aufgabe der Fürbitter, das geistliche Land vorzubereiten und den geistlichen Luftraum freizuhalten, damit der Wille Gottes auf der Erde geschehen kann so wie im Himmel. Geistliche Siege werden im Gebet errungen.

Bei Father Nash und Charles Finney sehen wir, wie wichtig die Zusammenarbeit der Fürbitter mit den Evangelisten und Aposteln ist. Die »geistliche Luftwaffe« hatte den Luftraum freigekämpft, sodass die »Bodentruppen« ihre Arbeit erfolgreich verrichten konnten. Das ist das Ergebnis von vollmächtigem und ausdauerndem Gebet. Mögen in unserer Generation viele Father Nashs hervorkommen. Fürbitter, die sich Gott mit Körper, Seele und Geist zur Verfügung stellen und Hand in Hand mit den anderen Dienstgaben zusammenarbeiten, damit wir noch in dieser Generation Erweckung sehen.

Es ist die Aufgabe der Fürbitter, das geistliche Land vorzubereiten und den geistlichen Luftraum freizuhalten.

AUF DEN PUNKT

Weil wir immer in der Gegenwart Gottes sind, ist unser ganzes Leben – unser Alltag, unsere Arbeit, unsere Freizeit, unsere Beziehungen – heilig und mit göttlichem Leben versorgt. Wir können jederzeit fröhliche Gemeinschaft mit Gott haben und von ihm Aufträge empfangen, nicht nur im Gottesdienst oder während unserer Stillen Zeit. Ebenso gehört jeder Teil unseres Seins, also Körper, Seele und Geist, dem Herrn.

Der Heilige Geist wohnt in unserem Körper und Gott möchte, dass wir ihm unseren Körper als lebendiges, heiliges und Gott wohlgefälliges Opfer und als Werkzeug der Gerechtigkeit zur Verfügung stellen. Der Heilige Geist möchte durch und in uns beten und auch durch unseren Körper, durch Weinen, Lachen, Flehen und sogar geistliche Geburtswehen geistliche Dinge in die sichtbare Welt bringen.

9

Könige und Priester

Fürbitte hat zum größten Teil einen priesterlichen Aspekt. So wie unser großer Hohepriester und Fürbitter Jesus vor dem Thron Gottes steht und sich für uns verwendet (Hebräer 4,14), stehen wir als Fürbitter priesterlich vor dem Thron Gottes und rufen Gott um Gnade an für den Riss zwischen Gottes Gerechtigkeit und der Sünde oder der Not des Volkes. Als priesterliche Fürbitter übernehmen wir gleichsam einen Rechtsfall und treten für eine Person, eine Gruppe von Menschen, eine Nation, eine Situation ein. Solche Menschen sucht Gott, von ihnen gibt es nicht allzu viele und manchmal findet sich niemand. Von so einer Situation lesen wir im Buch des Propheten Jesaja:

Manchmal braucht es ausdauerndes Gebet, bis die Gebetsschalen im Himmel gefüllt sind.

» So geschieht es, dass die Wahrheit fehlt, und wer sich vom Bösen fernhält, wird beraubt. Und der Herr sah es, und es war böse in seinen Augen, dass es kein Recht gab. Er sah, dass kein Mann da war, und er wunderte sich, dass es keinen gab, der Fürbitte tat. Da half ihm sein Arm, und seine Gerechtigkeit, sie unterstützte ihn.
Jesaja 59,15-16

Als priesterliche Fürbitter beten wir das Wort Gottes zu Gott zurück und erinnern ihn an seine Verheißungen. Nicht, weil Gott es sonst vergessen würde oder weil wir ihn überzeugen müssen, nicht wütend zu sein, sondern weil wir in einem realen Kampf mit den Mächten der Finsternis stehen. Manchmal braucht es ausdauerndes, beharrliches Gebet, bis die Gebetsschalen im Himmel gefüllt sind. Aber wir können sicher sein, dass kein Gebet verloren geht. Jedes Gebet zählt und wird gesammelt.

Die Funktion des fürbittenden Wächters ist es, wach zu sein und darauf zu beharren, dass der Wille Gottes in der betreffenden konkreten Situation auf Erden genauso wie im Himmel geschehen soll. Lasst uns Wächter sein, die nicht ruhen und nicht schweigen, bis wir sehen, dass der Wille Gottes auf Erden geschieht.

» Auf deine Mauern, Jerusalem, habe ich Wächter bestellt. Den ganzen Tag und die ganze Nacht werden sie keinen Augenblick schweigen. Ihr, die ihr den Herrn erinnert, gönnt euch keine Ruhe und lasst ihm keine Ruhe, bis er Jerusalem wieder aufrichtet und bis er es zum Lobpreis macht auf Erden!
Jesaja 62,6-7

IDENTIFIKATION

Jesus, unser großer Fürbitter, hat sich völlig mit uns identifiziert. Er ist Gott und wurde Mensch, damit er uns nahe sein kann. Damit er uns verstehen und barmherzig und mitfühlend mit uns sein kann.

» Denn wir haben nicht einen Hohen Priester, der nicht Mitleid haben könnte mit unseren Schwachheiten, sondern der in allem in gleicher Weise wie wir versucht worden ist, doch ohne Sünde. Lasst uns nun mit Freimütigkeit hinzutreten

zum Thron der Gnade, damit wir Barmherzigkeit empfangen und Gnade finden zur rechtzeitigen Hilfe!
Hebräer 4,15-16

Weil Jesus wahrer Gott und wahrer Mensch war, konnte er als der einzige sündlose Mensch alle unsere Sünden auf sich nehmen und dafür mit der Todesstrafe bezahlen. Das hätte kein Engel für uns tun können. Es brauchte einen Menschen – den letzten Adam, der alles wiederhergestellt hat, was der erste Adam zerstört hat (Römer 5,15; 1. Korinther 15,45). Durch einen Menschen kam die Sünde in die Welt (Adam) und durch einen Menschen kam die Erlösung von der Sünde (Jesus). Durch seine Identifikation mit uns Menschen hat Gott die Welt errettet aus der Macht der Sünde und des Todes. Jesus nahm alle unsere Sünden auf sich und gab uns im Gegenzug seine Gerechtigkeit. »Den, der Sünde nicht kannte, hat er für uns zur Sünde gemacht, damit wir Gottes Gerechtigkeit wurden in ihm« (2. Korinther 5,21).

Durch einen Gerechten, nämlich Jesus Christus, hat Gott die ganze Welt errettet. Wenn in Sodom und Gomorra nur zehn Gerechte gewesen wären, wären die Städte nicht zerstört worden. Es braucht nur eine kleine Gruppe von Fürbittern, um das Geschick von ganzen Nationen zu verändern. So wie es Jakobus schreibt: »Viel vermag eines Gerechten Gebet in seiner Wirkung« (Jakobus 5,16b).

Durch seine Identifikation mit uns Menschen hat Gott die Welt errettet aus der Macht des Todes.

Was bedeutet nun Identifikation für Fürbitter?

Es geht darum, dass Sünde immer Tod und Zerstörung bringt. »Der Lohn der Sünde ist der Tod«, schreibt Paulus im Römerbrief (Römer 6,23). Gott übersieht keine Sünde, denn das Reich Gottes ist kein rechtsfreier Raum, hier herrscht keine Willkür. Sünde verunreinigt ein Land und hat immer

Konsequenzen. Alles, was Menschen sprechen oder tun, hat geistliche Auswirkungen, entweder zum Leben oder zum Tod. Schon in den Sprüchen Salomos heißt es: »Von der Frucht seines Mundes kann man sich satt essen an Gutem, und das Tun der Hände eines Menschen kehrt zu ihm zurück« (Sprüche 12,14). Und: »Tod und Leben sind in der Gewalt der Zunge, und wer sie liebt, wird ihre Frucht essen« (Sprüche 18,21).

Monika Flach schreibt im *Gebetsbuch für die Ernte*:

> » Die Auswirkungen von Sünde sind bis ins dritte und vierte Glied zu spüren, die Auswirkung von Gerechtigkeit allerdings sogar bis ins tausendste Glied [2. Mose 20,4-6]. Götzendienst, Blutvergießen/Gewalt, Unmoral/Unreinheit und der Bruch von Bündnissen bringen einen Fluch auf das Land, den die Menschen, aber auch die Natur und die geistlichen Einheiten der Städte oder Nationen verspüren. Sünde gibt dem Feind die Möglichkeit, das Land zu verwüsten und Menschen in ihrem Denken in Gefangenschaft zu halten, so dass sie nicht offen sind für das Evangelium. Die Wahrheit wird durch Ungerechtigkeit niedergehalten (Römer 1,18). Gott wartet darauf, dass Menschen Verantwortung übernehmen für ihre eigenen Sünden, aber auch die Sünden der Vorväter bekennen und damit anerkennen, dass die Umstände, in denen sie leben, durch deren Sünden beeinflusst sind.[7]

Unsere Aufgabe als Fürbitter ist es, in den Riss zu treten zwischen der Sünde des Volkes und der Gerechtigkeit Gottes und stellvertretend um Vergebung zu bitten.

Identifikation ist immer dann möglich, wenn wir Teil einer Gruppe sind. Zum Beispiel kann ich mich als Deutsche mit Deutschland identifizieren und stellvertretend um Vergebung bitten für Sünden, die Deutschland begangen hat. Auch könnte ich als Teil meiner natürlichen Familie stellvertretend Buße tun für die Sünden meiner Familie. Weil ich keine US-Amerikanerin bin, kann ich mich nicht mit den Sünden der USA identifizieren und stellvertretend um Vergebung dafür bitten.

Stellvertretend um Vergebung zu bitten für Sünden, die wir selbst nicht begangen haben, ist vielleicht ein seltsames Konzept, das sich nicht gleich erschließt. Es ist auch nicht so, dass dann diese Sünden der anderen Menschen damit vergeben wären. Sie müssen trotzdem noch Rechenschaft vor Gott dafür ablegen. Aber unsere priesterlich stellvertretende Bitte um Vergebung verlängert die Zeit der Gnade, bevor das Gericht Gottes kommt. Möglicherweise bekommen viele Menschen dadurch Gnade zur Umkehr und finden heim ins Vaterhaus Gottes. Es wird eine Öffnung für das Hereinbrechen des Königreiches Gottes im Geist gemacht und Dinge verändern sich. Das funktioniert im Kleinen und im Großen.

Identifikation ist immer nur dann möglich, wenn ich Teil einer Gruppe bin.

Der Feind ernährt sich von Sünde, so ähnlich wie Ratten von Müll angezogen werden. Willst du die Ratten loswerden, musst du den Müll beseitigen. Als Fürbitter sind wir also auch so eine Art geistliche Müllabfuhr. Wir tun diesen priesterlichen Dienst und identifizieren uns mit der Not und der Sünde des Landes, damit das passiert, was Gott möchte, nämlich dass alle Menschen errettet werden und zur Erkenntnis der Wahrheit kommen (1. Timotheus 2,4).

Wenn wir stellvertretend um Vergebung bitten, dann stellen wir uns als Teil der Gruppe, zu der wir gehören, mit unter diese Sünde. Wir beten dann nicht: »Herr, bitte vergib ihnen.« Sondern wir beten: »Herr, bitte vergib uns, wir haben gesündigt.« Wir nennen die Sünde beim Namen und bitten den Herrn, uns zu vergeben und den Fluch von unserem Land zu nehmen und noch einmal eine Zeit der Gnade zur Umkehr zu schenken.

KÖNIGLICHE FÜRBITTE

An vielen Stellen in der Bibel lesen wir immer in Kombination, dass wir ein königliches Priestertum sind, Könige und Priester. Doch was bedeutet das eigentlich? Schauen wir uns erst einmal die Bibelstellen an:

» Ihr aber seid ein auserwähltes Geschlecht, ein königliches Priestertum, eine heilige Nation, ein Volk zum Besitztum, damit ihr die Tugenden dessen verkündigt, der euch aus der Finsternis zu seinem wunderbaren Licht berufen hat.
1. Petrus 2,9

» ... und uns gemacht hat zu einem Königtum, zu Priestern seinem Gott und Vater: Ihm sei die Herrlichkeit und die Macht von Ewigkeit zu Ewigkeit! Amen.
Offenbarung 1,6

» Und sie singen ein neues Lied und sagen: Du bist würdig, das Buch zu nehmen und seine Siegel zu öffnen; denn du bist geschlachtet worden und hast durch dein Blut Menschen für Gott erkauft aus jedem Stamm und jeder Sprache und jedem Volk und jeder Nation und hast sie unserem Gott zu einem Königtum und zu Priestern gemacht, und sie werden über die Erde herrschen!
Offenbarung 5,9-10

Den priesterlichen Dienst des Fürbitters haben wir uns schon angeschaut. Hier geht es darum, im Riss zu stehen, sich mit dem Volk zu identifizieren, den Herrn an seine Verheißungen zu erinnern und im beharrlichen Gebet zu bleiben, bis der Wille Gottes auf Erden geschieht. Als priesterliche Fürbitter kommen wir aus der Perspektive des Landes zu Gott. Wir identifizieren uns mit der Sünde und der Not des Volkes. Unser Blick ist auf den Herrn gerichtet. Wir beten und reden mit Gott.

Der königliche Dienst des Fürbitters kommt aus einer anderen Perspektive, nämlich aus der Perspektive des Himmels. Wir sind im Thronsaal Gottes positioniert und betrachten die Situation aus Gottes Sicht. Wir identifizieren uns mit dem Willen Gottes. Unser Blick ist auf das Land und die Not des Volkes gerichtet. Wir haben den Willen Gottes gesucht und empfangen und sprechen nun im Auftrag Gottes seinen Willen aus. Wir sprechen das Land an und nicht Gott. Gott steht hinter uns und hat uns beauftragt, wie ein Herold seinen Willen dem Land zu verkündigen. Wir prophezeien und deklarieren den Willen Gottes. So könnte man das königliche Gebet auch als prophetisches Gebet bezeichnen.

Der königliche Dienst des Fürbitters kommt aus einer anderen Perspektive, nämlich aus der Perspektive des Himmels.

Diese Aspekte des Fürbitte-Dienstes sind beide wichtig. Während einer Fürbitte-Zeit kann es sein, dass wir zwischen diesen beiden Fürbitte-Perspektiven wechseln. Das priesterliche Fürbitte-Gebet wird jedoch meistens den größten Teil der Zeit prägen. Unsere Fürbitte soll nicht einseitig werden.

Monika Flach schreibt im *Gebetsbuch für die Ernte*, dass königliches Gebet nicht die einzige Gebetsart sein sollte, die wir verwenden, da sonst unsere Fürbitte unausgewogen wird. Königliche

Fürbitte muss aus der Barmherzigkeit der Fürbitte heraus geboren werden, denn sonst laufen wir Gefahr, unsere Autorität überzubewerten oder hart und distanziert zu werden gegenüber den Nöten der Menschen.[8]

Aktivierung

PRIESTERLICHE UND KÖNIGLICHE FÜRBITTE ÜBEN

Nimm ein aktuelles Fürbitte-Anliegen, das dich beschäftigt, und versuche, alle Aspekte der priesterlichen Fürbitte – in den Riss treten, Identifikation, falls möglich, das Wort Gottes zu Gott zurückbeten – schriftlich auszuformulieren und dann auszubeten. Du wendest dich an Gott und bittest ihn, dass er gnädig ist, dass er handelt, dass er seine Verheißungen erfüllt.

Dann bitte den Herrn, dir Verheißungen aus seinem Wort zu zeigen, die auf dieses Anliegen zutreffen.

Tipp

Apostolische Gebete sind immer ein Treffer, zum Beispiel: Epheser 1,17-19; Epheser 3,14-19; Philipper 1,9-11; Kolosser 1,9-12; Römer 15,5-7; 1. Korinther 1,4-8; 1. Thessalonicher 3,9-13; 2. Thessalonicher 1,11-12; 2. Thessalonicher 3,1-5; Apostelgeschichte 4,24-31.

Sprich Gottes Willen mit Kühnheit und Zuversicht in dieses Anliegen hinein. Sprich zum Land, zu den Menschen, die es betrifft. Im Geist gibt es keine Probleme mit Raum und Zeit. Das ist eine prophetische Art zu beten. Sei mutig.

Beispiel

Gebet für Deutschland

Thema: Aktueller *Antisemitismus*

Priesterliche Fürbitte

Herr, ich trete in den Riss für dein auserwähltes Volk, die Juden. Herr, bitte vergib uns, dass wir in Deutschland dein Volk, die Juden, immer noch nicht lieben. Vergib uns, dass es immer noch gefährlich ist für Juden, eine Kippa zu tragen oder zur Synagoge zu gehen. Du hast gesagt, dass du uns vergibst, wenn wir unsere Sünden bekennen. Ich nehme jetzt deine Vergebung in Anspruch und bitte dich um Gnade für Deutschland, Gnade zur Umkehr. Öffne unsere Augen, dass wir erkennen, was da in unserem Land für Unrecht geschieht. Bitte vergib uns.

Königliche Fürbitte

Im Namen Jesus spreche ich zu dir, Deutschland! Kehre um und tu Buße, wo du das Volk der Juden nicht liebst! Deutschland, du bist dazu bestimmt, ein Segen zu sein und Gutes zu tun. Du bist dazu bestimmt, dich an die Seite Israels zu stellen und ein Freund für Israel zu sein. Komm jetzt in deine Bestimmung. Tu den Willen Gottes!

Formuliere nun dein eigenes Anliegen:

Das Anliegen:

Deine priesterliche Fürbitte:

Deine königliche Fürbitte:

AUF DEN PUNKT

Fürbitte hat priesterliche und königliche Aspekte. Als priesterliche Fürbitter stehen wir im Riss, identifizieren uns mit der Sünde und der Not und beten das Wort Gottes zu ihm zurück. Wir wenden uns zu Gott und bitten ihn. Als königliche Fürbitter deklarieren wir seinen Willen und sprechen das Wort Gottes zu der Situation, zum Land. Beide Fürbitte-Arten sind wichtig, und wir hören auf den Heiligen Geist, wann was angebracht ist. Der priesterliche Aspekt der Fürbitte wird jedoch immer überwiegen.

10

Gebet für Städte und Nationen

Gebet für Städte und Nationen, ist das nicht eine Nummer zu groß? Wo fängt man denn da an? Bringt das überhaupt etwas?

Schauen wir uns an, wie Jesus mit Städten umgegangen ist. Es fällt nämlich auf, dass er Städte so angesprochen hat, als ob sie eine Person wären. Als er nach Jerusalem kam, rief er der Stadt zu: »Jerusalem, Jerusalem, die da tötet die Propheten und steinigt, die zu ihr gesandt sind! Wie oft habe ich deine Kinder versammeln wollen, wie eine Henne ihre Küken versammelt unter ihre Flügel, und ihr habt nicht gewollt!« (Matthäus 23,37).

Einmal sagte Jesus zu den Städten, in denen er die meisten Wunder vollbracht hatte, die aber nicht Buße getan hatten:

» Wehe dir, Chorazin! Wehe dir, Betsaida! Denn wenn in Tyrus und Sidon die Wunderwerke geschehen wären, die unter euch geschehen sind, längst hätten sie in Sack und Asche Buße getan. Doch ich sage euch: Tyrus und Sidon wird es erträglicher ergehen am Tag des Gerichts als euch. Und du, Kapernaum, meinst du, du werdest etwa bis zum Himmel erhöht werden? Bis zum Hades wirst du hinabgestoßen werden; denn wenn in Sodom die Wunderwerke geschehen wären, die in dir geschehen sind, es wäre geblieben bis auf den heutigen Tag.

Matthäus 11,21–23

Auch im Alten Testament hat Gott zu Städten und Nationen wie zu Einzelpersonen gesprochen. Der Prophet Jona sollte in die Stadt Ninive gehen und im Auftrag Gottes zu ihr sprechen: »Mache dich auf, geh nach Ninive, der großen Stadt, und verkündige gegen sie! Denn ihre Bosheit ist vor mich aufgestiegen« (Jona 1,2).

Gott sah Ninive als eine Einheit an, eine Person. Er sagte nicht: »Die Bosheit der Menschen in der Stadt Ninive ist vor mich aufgestiegen«, sondern er betrachtete die Stadt im Ganzen. Denken wir an die Diskussion zwischen Gott und Abraham, als es um das Geschick von Sodom und Gomorra ging. Auch da stieg die Sünde der beiden Städte zu Gott auf und forderte Gericht. Gott betrachtete die Sünde der Städte als Gesamtheit. Wenn es aber zehn Gerechte gegeben hätte, wären die Städte nicht vernichtet worden. Auch Ninive wurde nicht gerichtet, weil die Stadt sogar als Ganzes Buße tat. Die Menschen der ganzen Stadt fasteten und beteten und kehrten um von ihren bösen Wegen. Da vergab ihnen Gott: »Und Gott sah ihre Taten, dass sie von ihrem bösen Weg umkehrten. Und Gott ließ sich das Unheil gereuen, das er ihnen zu tun angesagt hatte, und er tat es nicht« (Jona 3,10).

> Gott spricht zu Städten und Nationen wie zu Einzelpersonen.

Die Bibel gibt uns Zeugnis davon, dass Gott den Einzelnen im Blick hat und jeden Menschen sieht und liebt. Das spricht uns als westliche Menschen, die sehr individualistisch denken, stark an. Aber Gott denkt auch in Sippen, in Nationen, in Städten, in Generationen, in Gruppen von Menschen. Es geht um so viel mehr als nur um unser kleines Leben. Gott hat gleichzeitig das große Ganze und das Kleine im Blick: »Sowohl über einer ganzen Nation als auch zugleich über dem Einzelnen wacht er« (Hiob 34,29b).

Gott ist an jedem kleinsten Detail in unserem Leben interessiert; Jesus sagt, dass sogar die Haare auf unserem Kopf gezählt sind. Und gleichzeitig kann er alle Familien, Städte und Nationen auf der ganzen Welt im Blick haben. Alle diese Fäden hält er mühelos und souverän in der Hand, ohne sie zu verknoten und ohne Kopfschmerzen zu bekommen. Ja, er sitzt sogar ganz entspannt auf seinem Thron und lacht über die Pläne seiner Feinde, weil er sich kennt und weiß, dass sein Plan funktioniert (Psalm 2). Es ist gut, wenn wir uns das wirklich immer wieder vor Augen halten und tief in uns hineinsinken lassen.

Gott ist so groß, dass die Nationen für ihn wie ein Tropfen am Eimer sind (Jesaja 40,15). Und er liebt ganze Nationen so wie einzelne Menschen. An vielen Stellen im Alten Testament sehen wir, dass Gott die Völker anspricht wie einzelne Personen. Hier nur eine kleine Auswahl an Bibelstellen:

» Hört dies, ihr Völker alle; nehmt es zu Ohren, alle Bewohner der Welt.
Psalm 49,2

» Hört das Wort des Herrn, ihr Nationen, und meldet es auf den fernen Inseln und sagt: Der Israel zerstreut hat, wird es wieder sammeln und wird es hüten wie ein Hirte seine Herde!
Jeremia 31,10

» Lobt den Herrn, alle Nationen! Rühmt ihn, alle Völker! Denn mächtig über uns ist seine Gnade! Die Treue des Herrn währt ewig! Halleluja!
Psalm 117,1-2

Wenn wir im Gebet Städte und Nationen mit den Augen Gottes sehen und damit als eine Einheit mit einer gemeinsamen Identität, also im Grunde wie eine einzelne Person, dann fällt es schon sehr viel leichter, glaubensvoll in der Fürbitte für sie einzustehen.

GEISTLICHE KARTOGRAFIE

Wenn jede Stadt und jede Nation in den Augen Gottes eine eigene Identität und eine eigene Berufung hat, dann liegt es nahe, dass wir als Fürbitter versuchen werden, herauszufinden, welche das ist, um für die Städte und Nationen, für die wir ein Mandat haben, besser beten zu können. Wir wollen ja mit Gottes Plänen und Absichten übereinstimmen, und wir wollen das, für was wir in der Fürbitte im Riss stehen, kennen- und lieben lernen.

Es ist bestimmt vielen von uns schon aufgefallen, dass jede Stadt und jede Nation eine besondere Ausstrahlung hat. Genau wie Menschen haben auch sie negative und positive Eigenschaften und verbreiten eine spezielle Atmosphäre. Jede Stadt und jede Nation ist einzigartig und anders. Und so wie jeder einzelne Mensch haben auch Städte und Nationen Gaben und Berufungen, die ihnen von Gott gegeben wurden. John Dawson spricht in seinem Buch *Unsere Städte für Gott gewinnen* von Erlösungsgaben:

Auch Städte und Nationen haben Gaben und Berufungen, die ihnen von Gott gegeben wurden.

> » Ich glaube, dass Gott sich die Stadt als Ort der Zuflucht dachte, als Ort der Gemeinschaft und als Ort persönlicher Befreiung, wo die Bürger eine Arbeitsteilung praktizieren, die ihren einzigartigen Gaben entspricht. Ich glaube, unsere Städte tragen ein Malzeichen von Gottes souveränen Absichten für sie. Unsere Städte besitzen eine, wie ich es nenne, Erlösungsgabe.[9]

Die Gaben und Berufungen einzelner Menschen sollen dem Reich Gottes und der Gesellschaft zum Segen werden. Und das trifft auch auf Städte und Nationen zu.

Um die Erlösungsgabe einer Stadt oder Nation herauszufinden, ist es hilfreich, viele Fragen zu stellen. Das nennen wir geistliche Kartografie. Wir schauen sozusagen auf die natürlichen Stadt- und Landkarten und betrachten die Stadt oder die Nation zusätzlich im Geist. Dabei wollen wir herausfinden, wo geistlich bedeutsame Menschen, Werke, Gebäude sind, die Segen oder Fluch gebracht haben und bringen.

Die folgenden Fragen sollen nur Anhaltspunkte liefern und sind keine vollständige Liste. Es geht auch nicht um ein Abarbeiten von Listen und Tabellen, sondern um einen Dialog mit Gott, der die Städte und Nationen durch und durch kennt und uns auf die relevanten Dinge hinweisen wird, damit wir informiert beten können.

FRAGEN, UM EINE STADT ODER EINE NATION IM GEIST BESSER ZU ERFASSEN:

- Welche Schätze gibt es im natürlichen und im geistlichen Bereich?
- Welches Erbe besteht im Natürlichen und im Geistlichen? Negativ oder positiv?
- Welche Söhne und Töchter hat die Stadt, die Nation hervorgebracht? Haben sie einen positiven oder zerstörerischen Beitrag für die Gesellschaft gebracht?
- Wo ist das Land verunreinigt durch Blutvergießen, Bündnisbrüche, Götzendienst, Unreinheit?
- Wo sind natürliche und geistliche Tore in die Stadt oder die Nation?
- Wie ist oder war die Beziehung zu Israel und den Juden?

Wenn wir für eine Stadt beten, können wir uns in der geistlichen Welt Stadttore vorstellen, durch die wir strategisch eintreten und das Reich Gottes in die Stadt hineintragen. Alistair Petrie[10] spricht von mindestens sechs größeren Eingangsbereichen, für die wir beten müssen, wenn wir eine Stadt erreichen wollen:

- Die Gemeindetür: der Leib Christi der Stadt aus allen Denominationen und Kirchen
- Die Tür des Rechtssektors: Polizei, Staatsanwaltschaft, Richter
- Die Tür des Bildungssektors: Schulen, Universitäten
- Die Tür zu Handel und Gewerbe: örtliche Unternehmen, Geschäfte, Industrie
- Die politische Tür: Bürgermeister, Stadträte
- Die Tür der einflussreichen Menschen der Stadt: bekannte Persönlichkeiten, bekannte Sportler, Künstler, Wissenschaftler, Influencer, Tagespresse, Radio, Fernsehen der Stadt

Diese sechs Bereiche sind zum einen Tore im übertragenen Sinn – sie sind »Türöffner«, wenn man etwas in einer Stadt erreichen will. Sie sind aber gleichzeitig eine geistliche Realität, Tore, durch die wir geistlich in die Stadt eintreten können. Die Menschen, die in diesen Bereichen arbeiten und dienen, brauchen unser Gebet. Durch diese Türen soll der Himmel auf die Erde kommen. Der Wille Gottes soll wie im Himmel geschehen.

SIEBEN-TORE-PROPHETIE

Wie die geistliche Recherche einer Nation aussehen kann, sieht man sehr schön an der Gebetsaktion, die wir als Kingdom-Impact-Team für Deutschland anhand der Sieben-Tore-Prophetie durchgeführt haben. Daniel Capri, ein messianischer Jude aus Israel, hatte im Jahr 2007 eine sehr ausführliche Vision von Gott für Deutschland empfangen. In dieser Vision zeigte ihm Gott, dass es in Deutschland sieben geistliche Tore an spezifischen Orten gibt. Jedes dieser Tore hat einen besonderen Schlüssel, der für die jeweilige Region, aber auch für ganz Deutschland bedeutsam ist.

Wir verteilten die sieben Tore auf die Deutschland-Gebetsgruppen in unserem Gebetshaus und machten uns gleichzeitig eins mit Betern vor Ort in den jeweiligen Regionen Deutschlands, in denen die Tore sich befinden. Außerdem wollten wir alles gut dokumentieren, um am Ende des Jahres den Gebetsgruppen in Deutschland die Ergebnisse unserer Recherchen als Leitfaden an die Hand geben zu können.

Für uns begann eine spannende Entdeckungsreise. Wir orientierten uns zunächst an den Schlüsseln der jeweiligen Tore, wie Daniel Capri sie gesehen hat. Diese stellen schon die Erlösungsgabe der jeweiligen Region dar:

- Tor München: Feuer des Heiligen Geistes
- Tor Stuttgart: Fürbitte und geistliche Kampfführung
- Tor Frankfurt und NRW: Anbetung und junge Generation
- Tor Mitte: Das Herz und die Liebe des Vaters
- Tor Leipzig: Heilung der Nationen
- Tor Berlin: Einheit und Leiterschaft
- Tor Hamburg: Glaube

Bei unseren Nachforschungen sahen wir zu unserem Erstaunen, dass sowohl die natürliche Geschichte der jeweiligen Regionen als auch die geistliche Entwicklung des Leibes Christi über die Jahrhunderte und die aktuellen geistlichen Dienste, die in den Regionen aktiv sind, die Aufträge und Schlüssel der Tore abbilden und deutlich machen. Wir verstanden, dass diese geistlichen Tore kein Anspruch an uns sind in dem Sinn, dass wir durch unser Gebet die

Schlüssel hervorbringen müssen, sondern dass sie schon vorhanden und auch schon wirksam sind.

Unser Gebetsauftrag bestand dann zunächst einmal darin, zu beten und zu glauben, dass das, was Gott uns hier für Deutschland gegeben hat, als Hilfe vom Himmel für die Probleme in den Regionen gegeben ist und den Leib Christi vor Ort stärken soll. Also eine Quelle der Versorgung von Gott zur Ausrüstung der Gemeinden und Werke, um kraftvoller und glaubensvoller ihre Aufträge von Gott erfüllen zu können.

Gleichzeitig war es aber auch wichtig zu verstehen, dass da, wo Gott besondere Gnade und Schätze gegeben hat, vielleicht auch besonders viele Angriffe vom Feind da sind und es Schutz braucht durch unsere Gebete. Ein Gebetsschwerpunkt war, zu beten, dass die Tore geöffnet und durchlässig sind, damit die Versorgungsströme ins Land fließen können. Alle diese Schlüssel brauchen wir aber in ganz Deutschland. Sie müssen zusammenwirken für unser Land. Es reicht nicht, wenn Einheit und Leiterschaft in und um Berlin herum wachsen und gestärkt werden. Das brauchen wir im ganzen Land. Genauso ist es mit jedem anderen Tor. Vielleicht kann man es so sagen, dass an den jeweiligen Toren eine besondere Gnade für die jeweiligen Schlüssel ist, aber dass sie dann in ganz Deutschland gebraucht werden. Wir sind ja ein Leib, der viele Glieder hat, und jedes Glied ist unverzichtbar, damit der Leib gesund und stark sein kann. Deshalb ist nicht ein Tor wichtiger als das andere.

Die Sieben-Tore-Gebetsstrategie hat uns geholfen, Deutschland im Natürlichen und im Geist besser kennenzulernen.

Wir haben die Ergebnisse unserer gemeinsamen Recherchen und die Protokolle unserer Gebetszeiten in sieben Dokumenten zusammengefasst, für jedes Tor eines. Das soll Gebetsgruppen, die für ganz Deutschland oder nur für ihre eigene Region beten, eine Hilfestellung sein. Wir hoffen, dass sich diese Dokumente weiter-

entwickeln, dass noch viele Erkenntnisse, Eindrücke und Gebetserhörungen dazukommen. Gebetsgruppen oder auch einzelne Beter sind herzlich eingeladen, sich die Videos und Textdokumente zu den sieben Toren herunterzuladen und damit zu beten.[11]

GEISTLICHE KARTOGRAFIE DEINER STADT

Aktivierung

Recherchiere anhand der oben erwähnten Fragen Informationen über deine Stadt. Finde mehr über die Erlösungsgaben deiner Stadt heraus.

Welche Schätze gibt es im natürlichen und im geistlichen Bereich?

Welches Erbe gibt es im Natürlichen und im Geistlichen? Negativ oder positiv?

Welche Söhne und Töchter hat die Stadt hervorgebracht? Haben sie einen positiven oder zerstörerischen Beitrag für die Gesellschaft geleistet?

Wo ist das Land verunreinigt durch Blutvergießen, Bündnisbrüche, Götzendienst, Unreinheit? Was geschieht oder geschah in deiner Stadt?

Wo sind natürliche und geistliche Tore in die Stadt?

Wie ist oder war die Beziehung zu Israel und den Juden?

AUF DEN PUNKT

Gott sieht und spricht zu Städten und Nationen wie zu einer Einzelperson. Jede Stadt und jede Nation trägt spezifische Berufungen und hat Erlösungsgaben. Diese herauszufinden ist die Ehre der Fürbitter der Stadt beziehungsweise der Nation, denn wir wollen so wie Jesus, dass der Wille Gottes geschieht und das Reich Gottes wie im Himmel auch auf die Erde und in unsere Städte und Nationen kommt. Wichtig ist es, für die Tore und Türen einer Stadt oder Nation zu beten, denn das sind die strategischen Eintrittspforten für Segen oder Fluch. Tore können Menschen, Orte oder geistliche Realitäten sein. Wichtig ist, sie zu identifizieren und für sie zu beten.

11

Krieger des Lichts

Das Lied *Krieger des Lichts* der Band Silbermond ist sehr prophetisch, finde ich.[12] Prophetisch heißt, eine unsichtbare Wahrheit aus dem Königreich Gottes wird durch Worte, Musik, Kunst oder Zeichenhandlungen sichtbar gemacht. Text und Musik zusammen machen etwas deutlich von dem Auftrag, den Gott uns als seinem Leib gegeben hat, nämlich seinen Sieg mit den Waffen des Lichts auf der Erde durchzusetzen. Auch der geistliche Konflikt, in dem wir uns befinden, wird sehr schön poetisch und musikalisch ausgedrückt und für mich spürbar.

Ich weiß nicht, wie es dir dabei geht, wenn du als Krieger bezeichnet wirst. Vielleicht hast du ein schlechtes Gefühl dabei. Sollten wir nicht lieber Pazifisten sein? Muss es denn immer so anstrengend sein? Geht es nicht auch einmal leichter? Leider sagt Jesus selbst, dass es nicht leichter geht. »In der Welt habt ihr Bedrängnis«, sagt er, »aber fürchtet euch nicht, denn ich habe doch die Welt überwunden« (Johannes 16,33). Wir wurden in einen globalen geistlichen Krieg mit hineingezogen, ob wir wollen oder nicht.

Eines jedoch ist ganz klar: Wir kämpfen *nie* gegen Menschen. Das schreibt Paulus im Brief an die Epheser:

» Denn unser Kampf ist nicht gegen Fleisch und Blut, sondern gegen die Gewalten, gegen die Mächte, gegen die Weltbeherrscher dieser Finsternis, gegen die geistigen Mächte der Bosheit in der Himmelswelt.

Epheser 6,12

Aber es wirkt auch nicht sehr viel vertrauenserweckender, wenn wir wissen, dass wir gegen Mächte der Bosheit in der Himmelswelt kämpfen sollen. Die gute Nachricht ist: Jesus hat den Kampf schon gewonnen. Er hat gesagt: »Es ist vollbracht!«

Durch sein Erlösungswerk am Kreuz hat Jesus den Tod, den Teufel und alle Mächte der Finsternis besiegt. Jesus ist jetzt alle Macht im Himmel und auf Erden gegeben. Diese Wahrheit ist die Grundlage für all unsere Gebete, alle Fürbitte, alle Lobpreislieder und unser ganzes Leben hier auf der Erde. Wir kommen vom Sieg her, den wir in der Autorität, die Jesus uns gegeben hat, hier auf der Erde durchsetzen sollen. Wie im Himmel, so auf Erden.

Eigentlich wäre das ja jetzt das Ende der Geschichte, und wir könnten glücklich und im Frieden bis ans Ende unserer Tage mit Jesus leben – wenn da nicht der Feind wäre, der zwar weiß, dass er besiegt ist, der aber so viel verbrannte Erde hinterlassen will, wie er kann, bevor er für immer gebunden ist.

Noch sind wir in einer Zwischenzeit, in der Jesus noch nicht zum zweiten Mal als Weltenherrscher auf die Erde gekommen ist und für alle sichtbar die Herrschaft übernommen hat. Noch ist die Zeit der Entscheidung, in der Menschen aus allen Völkern und Sprachen die gute Botschaft von Jesus Christus und seinem Sieg am Kreuz hören müssen. Noch hat der Feind Herrschaft über viele Menschen auf der Erde und kann so eine Art Guerillakrieg gegen das Königreich Gottes führen.

IST DER TEUFEL TEIL DEINES WELTBILDES?

Wir Christen machen in Bezug auf den Teufel meistens drei Fehler: Entweder wir glauben gar nicht, dass es ihn gibt, oder wir unterschätzen ihn und rechnen nicht damit, dass er uns angreift, oder wir überschätzen ihn und sehen überall nur dämonische Angriffe.

Wichtig ist zu wissen, es gibt nur einen Gott. Den Vater, den Sohn und den Heiligen Geist. Alles, was es sonst gibt, sind Geschöpfe Gottes. Die Bibel berichtet uns, dass der Feind ein gefallener Engel ist, der selber Gott sein wollte und eine Revolte im Himmel angezettelt hat und dazu noch einen Teil der Engel mit auf seine Seite gezogen hat. Jesus hat den Teufel schon besiegt. Der Teufel ist also ein besiegter Feind – aber er ist kein fairer Feind. Es ist nicht möglich, mit diesem Feind einen Waffenstillstand zu vereinbaren, so nach dem Motto: »Ich tue dir nichts und du tust mir nichts.« Darauf lässt er sich nicht ein. Jesus nennt ihn den »Menschenmörder von Anfang an« (Johannes 8,44), der gekommen ist, »um zu stehlen und zu schlachten und zu verderben« (Johannes 10,10).

Dieser Feind hasst Gott, und er hasst alle Menschen, besonders die, die zu Gott gehören. Das müssen wir ganz realistisch sehen. Deshalb gibt es Angriffe und deshalb müssen wir die Waffenrüstung Gottes tragen: den Helm des Heils, den Gürtel der Wahrheit, die Schuhe der Bereitschaft, den Schild des Glaubens, und geübt sein mit dem Schwert des Geistes.

Es gibt nur einen Gott. Den Vater, den Sohn und den Heiligen Geist. Alles, was es sonst gibt, sind Geschöpfe Gottes.

Es gibt keine Kriegsdienstverweigerer im Reich Gottes. Wir müssen lernen, dem Teufel zu widerstehen und seine Machenschaften zu durchschauen. Die Hauptstrategie des Feindes ist die Lüge, er hat sonst nicht viele Möglichkeiten. Jesus nennt ihn einen Lügner und den Vater der Lüge (Johannes 8,44). Seine Lügen sind immer gut vermischt mit Wahrheit, damit man nicht sofort die Lüge entdeckt. Diese Lügen-Wahrheit-Mischung ist sehr effektiv, um Menschen zu verblenden. Das geschieht bei einzelnen Menschen, aber auch bei Gruppen von

Menschen, Familien, Nationen. Paulus schreibt von dieser Taktik des Feindes im 2. Korintherbrief:

> » Der Satan, der Gott dieser Welt, hat die Gedanken der Ungläubigen so verblendet, dass sie das herrliche Licht der Botschaft nicht wahrnehmen können. Damit bleibt ihnen unsere Botschaft über die Herrlichkeit von Christus, der das Ebenbild Gottes ist, unverständlich.
>
> *2. Korinther 4,4; NLB*

Hast du schon einmal festgestellt, dass es oftmals nicht genügt, einem Menschen einfach die Fakten des Evangeliums zu erzählen, zu erklären, wer Jesus ist und warum er am Kreuz gestorben ist? Meistens führt das nicht sofort dazu, dass ein Mensch umkehrt, Jesus für seine Sünden um Vergebung bittet und sein ganzes Leben unter die Herrschaft von Jesus stellt. Wenn es doch passiert, dann hat vielleicht jemand schon eine Weile für diese Person gebetet, jemand hat für diese Stadt gebetet, dass Menschen zu Jesus finden. Oder es gibt Fürbitter, die gebetet haben, dass der Herr die Verblendung durch den Feind niederreißt und dass die Person Gnade zur Umkehr hat. Die Wahrheit allein bewirkt noch keine Wunder. Es braucht ein Wirken Gottes, damit die Blindheit durchbrochen wird und die Menschen den Lichtglanz des Evangeliums erkennen können.

FESTUNGEN ZERSTÖREN

Diese geistlichen Verblendungen halten die Menschen in Gefangenschaft. Sie sind wie innere geistliche Gefängnisse. Die Bibel spricht von geistlichen Festungen in den Gedanken, die Menschen gefangen halten.

» Denn die Waffen unseres Kampfes sind nicht fleischlich, sondern mächtig für Gott zur Zerstörung von Festungen; so zerstören wir überspitzte Gedankengebäude und jede Höhe, die sich gegen die Erkenntnis Gottes erhebt, und nehmen jeden Gedanken gefangen unter den Gehorsam Christi.
2. Korinther 10,4-5

Ed Silvoso, ein christlicher Autor aus Argentinien, definiert eine Festung so: »Eine geistliche Festung ist ein Gedankengebilde, das von Hoffnungslosigkeit durchdrungen ist und uns dazu bringt, Situationen für unabänderlich zu halten, von denen wir wissen, dass sie nicht dem Willen Gottes entsprechen.«[13]

Eine Festung des Feindes in den Gedanken besteht aus einem Netzwerk von Lügen, die unser persönliches Leben und auch unsere Familien, Gemeinden und Städte negativ beeinflussen. Dieses Lügennetz wird gewoben und empfängt Kraft durch Sünde von Einzelnen oder einer Gesellschaft und weil Menschen die Herrschaft Gottes nicht anerkennen. Von dieser Realität spricht Paulus im Römerbrief:

» Seit Erschaffung der Welt haben die Menschen die Erde und den Himmel und alles gesehen, was Gott erschaffen hat, und können daran ihn, den unsichtbaren Gott, in seiner ewigen Macht und seinem göttlichen Wesen klar erkennen. Deshalb haben sie keine Entschuldigung dafür, von Gott nichts gewusst zu haben. Obwohl sie von Gott wussten, wollten sie ihn nicht als Gott verehren oder ihm danken.

> Stattdessen fingen sie an, sich unsinnige Vorstellungen von Gott zu machen, und ihr Verstand verfinsterte sich und wurde verwirrt.
>
> *Römer 1,20-21; NLB*

Lügenfestungen in den Gedanken bringen Menschen in Gefangenschaft. Nicht nur dämonische Einflüsse auf Gedanken haben diese Konsequenzen, sondern auch das ganz normale menschliche Denken. Wenn unser Denken losgelöst von Gott ist, führt es in Finsternis und Gefangenschaft. Gerade als Fürbitter ist es für uns wichtig, dass wir lernen zu lieben, was Gott liebt, und zu hassen, was Gott hasst. Das bedeutet, dass unser Denken unter die Herrschaft von Jesus kommen muss, denn sonst sehen wir nicht klar, weil wir in Festungen gefangen sind. Freiheit ist im Reich Gottes das höchste Gut.

Lasst uns lernen, Freiheitskämpfer zu werden. Krieger des Lichts, die alle Gedanken, die sich gegen die Erkenntnis Gottes erheben, gefangen nehmen, dass sie Christus gehorchen. Zuerst in uns selbst, aber dann auch in der Fürbitte für unsere Familie, unsere Nation, unsere Generation. Wenn eine Festung nicht nur eine Einzelperson in Gefangenschaft hält, sprechen wir von einer korporativen Festung. Es ist möglich, dass Festungen in den Gedanken über einer ganzen Familie, einer ganzen Stadt oder einer ganzen Nation aktiv sind. Anhand der Definition von Ed Silvoso ist es relativ leicht, eine Festung zu identifizieren.

Hoffnungslosigkeit ist das Hauptsymptom, an dem wir eine Festung erkennen können.

Hoffnungslosigkeit ist das Hauptsymptom, an dem wir eine Festung erkennen können. Wenn irgendwo Hoffnungslosigkeit zu hören oder zu spüren ist, haben wir es mit einer Festung zu tun. Dann sehen wir Gott und sein Reich gerade nicht. Denn für Gott und in unserer Heimat, dem Himmel, gibt es keine Hoffnungslosigkeit und auch keine Unmöglichkeiten. Wenn wir etwas für unabänderlich halten, obwohl wir wissen, dass es nicht dem Willen Gottes entspricht, dann sind wir an eine Festung gestoßen – in unseren eigenen Gedanken oder vielleicht sogar im Denken unserer Generation, unserer Familie, unserer Nation.

Im sogenannten Zeitgeist halten sich eine Menge von Gedankenfestungen versteckt. Ideologien und Weltanschauungen sind Festungen, die gegen die Wahrheit Gottes sprechen. Zum Beispiel der Humanismus, der ja in einem ganz sympathischen Gewand daherkommt, der aber konsequent zu Ende gedacht den Menschen zur letzten Instanz macht, die entscheidet, was gut ist. Ja, Gott liebt die Menschen, und ja, es geht ihm um das Wohlergehen der Menschen, aber er hat eine viel größere Vision für uns als nur unser Wohlergehen in jedem Moment. Genauso wie gute Elternschaft nicht darin besteht, das Kind möglichst in jedem Moment seines Lebens zufriedenzustellen und ihm immer gleich zu geben, was es möchte. Dem Menschen geht es gut, wenn Gott an erster Stelle steht und wenn Gott die letzte Instanz ist, die sagen darf, was richtig und falsch ist.

Als Fürbitter geht jedes Thema, für das wir beten, erst einmal mitten durch uns selbst hindurch.

Wenn wir als Fürbitter für eine Stadt oder Nation im Gebet eintreten, müssen wir die Lügen identifizieren, mit denen der Feind die Gedanken der Menschen vom Evangelium fernhält, und möglichst auch selbst frei sein von diesen Gedankenfestungen. Als Fürbitter geht jedes Thema, für das wir beten, erst einmal mitten durch uns selbst hindurch.

Gedankenfestungen des Feindes zerstören wir, indem wir die Lügen identifizieren. Wenn wir die Lügen identifiziert haben, fragen wir den Herrn, welche Wahrheiten wir gegen diese Lügen aussprechen sollen. Dann tauschen wir die Lügen gegen die Wahrheit des Wortes Gottes aus und sprechen diese Wahrheit immer wieder aus.

> Stell dir eine Mauer vor, auf die du mit dem Vorschlaghammer immer wieder einschlägst, so lange, bis sie Risse bekommt und schließlich eingerissen werden kann. So ist das Wort Gottes, es ist wie ein zweischneidiges Schwert (Hebräer 4,12) und wie ein (Vorschlag-)Hammer, der Felsen zerschmettert (Jeremia 23,29).

Dieser Prozess, Gedankenfestungen im Geist zu zerstören, kann mitunter langwierig sein, besonders dann, wenn es sich um Festungen im Zeitgeist einer ganzen Generation handelt. Hier benötigen wir Geduld und Ausdauer, wenn wir keine schnellen Ergebnisse sehen. Wer weiß, vielleicht hat erst die nächste Generation an genau diesem Punkt einen Durchbruch, der ihnen nur möglich ist, weil wir treu Gottes Wort proklamiert, den Herrn angebetet und uns als Krieger des Lichts dem Herrn zur Verfügung gestellt haben.

Das ist unser Auftrag als prophetische Fürbitter. Wir kommen an einen Ort, in eine Familie, eine Region und verkünden als königliche Priester Erlösung und ein neues erlöstes Denken. Wir identifizieren die Gedankenfestungen des Feindes und zerschmettern sie Stück für Stück mit der Wahrheit des Wortes Gottes. Denn dafür ist Jesus gekommen: »Hierzu ist der Sohn Gottes offenbart worden, damit er die Werke des Teufels vernichtet« (1. Johannes 3,8b).

LOBPREIS ALS WAFFE GEGEN DEN FEIND

Wir haben gesehen, dass das Wort Gottes unsere Angriffswaffe ist. Es ist unser Schwert und unser Vorschlaghammer. Noch intensiver wirkt das gesungene Wort Gottes als geistliche Waffe. Das nennen wir Lobpreis. Hier kommt die Kraft des Wortes Gottes zusammen mit der Sprache der Musik, die nicht nur unseren Verstand, sondern auch unsere Gefühle und unseren Körper miteinbezieht. Also eine ganzheitliche geistliche Waffe. Wir sehen an ein paar Beispielen in der Bibel, wie diese Waffe wirkt; ein Beispiel steht in 2. Chronik 20.

Der Kampf ist die Sache des Herrn! Unsere Sache ist es, den Herrn zu preisen und zu proklamieren, wer er ist!

Als die Israeliten einmal wieder von etlichen feindlichen Armeen umzingelt waren, beteten sie und fragten den Herrn, was sie tun sollten. Da sprach der Herr durch einen Propheten, dass sie sich zwar vor die feindlichen Armeen aufstellen, aber nicht kämpfen sollten, denn der Herr würde sie erretten. König Joschafat machte den Vorschlag, das Lobpreisteam ganz vorne an die Front zu stellen, vor die Soldaten. Dort sollten sie den Herrn laut preisen mit dem Lied: »Preist den Herrn, denn seine Gnade währt ewig!« (2. Chronik 20,21).

Was für eine verrückte Idee, die Musiker und Sänger in die erste Reihe zu stellen. Aber alle waren damit einverstanden. Sie glaubten dem, was der Herr durch den Propheten gesagt hatte. Als sie anfingen zu singen und zu spielen, schickte der Herr einen Hinterhalt gegen die vier feindlichen Armeen. Am Ende kämpften sie gegeneinander und vernichteten sich gegenseitig. Hier sehen wir ein geistliches Prinzip: Der Kampf ist die Sache des Herrn – unsere Sache ist es, den Herrn zu preisen und zu proklamieren, wer er ist und was er gesagt hat.

Von demselben geistlichen Prinzip lesen wir in Psalm 149: Wenn wir den Herrn preisen und verkündigen, wie groß und herrlich er ist, dann vollzieht er das schon aufgeschriebene Gericht an den Mächten und Gewalten in der Himmelswelt. Lobpreis Gottes soll in unserer Kehle und ein zweischneidiges Schwert (das Wort Gottes) in unserer Hand sein. Damit ist natürlich nicht gemeint, dass wir die Bibel nur während des Lobpreises in der Hand halten sollen, sondern dass wir dieses zweischneidige Schwert einsetzen, indem wir die Wahrheit des Wortes Gottes aussingen.

» Halleluja! Singt dem Herrn ein neues Lied, sein Lob in der Gemeinde der Getreuen! Israel freue sich seines Schöpfers! Die Kinder Zions sollen jauchzen über ihren König! Loben sollen sie seinen Namen beim Reigen, mit Tamburin und Zither sollen sie ihm spielen! Denn der Herr hat Wohlgefallen an seinem Volk. Er schmückt die Demütigen mit Heil! Die Getreuen sollen jubeln in Herrlichkeit, jauchzen sollen sie auf ihren Lagern! Lobpreis Gottes sei in ihrer Kehle und ein zweischneidiges Schwert in ihrer Hand, um Rache zu vollziehen an den Nationen, Strafgerichte an den Völkerschaften, um ihre Könige zu binden mit Ketten, ihre Edlen mit eisernen Fesseln, um das schon aufgeschriebene Gericht an ihnen zu vollziehen! Das ist Ehre für alle seine Getreuen. Halleluja!

Psalm 149

Das ist unsere Ehre! Das ist Teilhabe an der Weltregierung Gottes! Wir müssen nicht im Nahkampf gegen Mächte und Gewalten in der Himmelswelt antreten. Der Herr ist der, der kämpft, und unsere Ehre ist es, zu singen und dadurch zu verkündigen, wer der König ist, wer die Herrschaft hat und wie groß und wunderbar unser Gott ist. Lobpreis und Fürbitte gehören zusammen.

KREATIVE FÜRBITTE

»Lobpreis ist Fürbitte«, schreibt Cindy Jacobs in ihrem Buch *Die Tore des Feindes besetzen:* »Es spielt dabei keine Rolle, ob das Loblied ein Anbetungs-Song unserer Tage ist oder aus dem 16. Jahrhundert stammt; beide haben die geistliche Kraft, die gedanklichen und emotionalen Festungen Satans zu sprengen.«

Nimm dir jetzt ein bestimmtes Anliegen, für das du in der Fürbitte stehst. Schreibe es auf ein Blatt Papier, damit du es sichtbar vor Augen hast. Nimm ein größeres Blatt, nicht nur einen kleinen Klebezettel.

Jetzt lege es auf den Boden und dann probiere einfach mal die folgenden Gebetsarten aus. Geh ganz kindlich an die Sache heran, egal, ob du dir dabei komisch vorkommst. Denke daran, Gott reagiert immer sehr gerne auf schlichten, kindlichen Glauben.

Marschieren

Gott hat dem Volk Israel versprochen, dass er ihnen jeden Ort (innerhalb festgesetzter Grenzen; bei uns sind das die Grenzen unserer Mandate), auf den ihre Füße treten würden, zum Besitz geben wird (Josua 1,3). Marschiere mit Autorität und im Glauben um dieses Blatt Papier mit deinem Anliegen und proklamiere dabei die Größe und Macht Gottes, sprechend oder singend.

Tritt die Widerstände unter deine Füße

Das ist ähnlich wie marschieren, nur etwas aggressiver. Jesus sagt: »Siehe, ich habe euch die Macht gegeben, auf Schlangen und Skorpione zu treten, und über die ganze Kraft des Feindes, und nichts soll euch schaden« (Lukas 10,19). Und in Psalm 44 steht: »Durch dich werden wir niederstoßen unsere Bedränger; durch deinen Namen werden wir zertreten, die gegen uns aufstehen« (Psalm 44,6).

Singen

Singe über dein Anliegen ein Lobpreislied – oder auch mehrere –, das inhaltlich die Größe des Herrn besingt. Sing es über die Situation, über die Nation, über die Stadt, für die du im Riss stehst.

Klatschen

»Ihr Völker alle, klatscht in die Hände! Jauchzt Gott mit Jubelschall!« (Psalm 47,2). In die Hände klatschen ist in unserer Kultur ein Ausdruck von Zustimmung, Bewunderung, Lob. Klatsche in die Hände und gib Gott schon mal einen Applaus für das, was er tun wird.

Jauchzen

»Freut euch an dem Herrn und jauchzt, ihr Gerechten, und jubelt, alle ihr von Herzen Aufrichtigen!« (Psalm 32,11); »Glücklich ist das Volk, das den Jubelruf kennt! Herr, im Licht deines Angesichts wandeln sie« (Psalm 89,16). Es kann ein Ausdruck des Triumphes sein, aber auch ein Kriegsgeschrei.

Lachen, Freude

In Psalm 2 lesen wir, dass Gott auf seinem Thron sitzt und über die vergeblichen Pläne seiner Feinde lacht. Stimme ein in das Lachen Gottes. »Und seid nicht bekümmert, denn die Freude am Herrn, sie ist eure Bergfestung!« (Nehemia 8,10b).

Die Freude ist eure Bergfestung, in ihr seid ihr sicher, sie ist eure Stärke, euer Schutz. Lache und freu dich im Angesicht deines Fürbitte-Anliegens, weil der Herr alles in seiner Hand hält.

AUF DEN PUNKT

Wir sind hier auf der Erde in den Guerillakrieg des Feindes gegen das Königreich Gottes hineingezogen, ob wir wollen oder nicht. Unser Feind ist ein besiegter Feind, denn Jesus hat am Kreuz den Teufel, den Tod und alle Mächte der Finsternis besiegt. Von diesem Sieg her kommen wir als Fürbitter, und diesen Sieg unseres Hauptes Jesus sollen wir als Leib Christi auf der Erde durch Glauben und Gebet durchsetzen. Die Hauptstrategie des Feindes ist Lügen. Mit dem Schwert des Geistes, dem Wort Gottes, können wir alle Lügenfestungen des Feindes Stück für Stück einreißen. Lobpreis ist eine ganzheitliche geistliche Waffe und in der Fürbitte unerlässlich.

12

Luftwaffe und Bodentruppen

Ich bin in einer Familie aufgewachsen, deren Arbeitgeber über viele Jahre die Bundeswehr war. Wenn es für mich die Möglichkeit gegeben hätte, Wehrdienst zu leisten, hätte ich es mir tatsächlich überlegt. Die Welt des Militärs hat mich zugleich angezogen und mit Schrecken erfüllt. Was ich verstanden habe, ist, dass die verschiedenen Waffengattungen Hand in Hand arbeiten müssen. Es ist die Aufgabe der Generäle, die Truppen zu synchronisieren und strategisch einzusetzen.

Zuerst müssen sich die Aufklärungseinheiten ein Bild über die Situation machen. Wo ist Feindaktivität? Wo sind die feindlichen Truppen stationiert? Wo bewegt sich der Feind und was ist seine Strategie? Dann muss die Luftwaffe den Luftraum kontrollieren und Luftherrschaft herstellen. Das ist extrem wichtig, bevor die Bodentruppen sich auf den Weg machen. Sonst gibt es viele Verluste von Menschenleben, die vermeidbar gewesen wären.

Einer der Namen Gottes ist *Jahwe Zebaoth*, der Herr der Heerscharen. Der Herr selbst ist der oberste General, der die Truppen des Königreiches Gottes befehligt und synchronisiert. Wir als Fürbitter gehören sozusagen zur himmlischen Luftwaffe, die dafür zuständig ist, zu wachen und zu beten, damit der Luftraum frei ist. Es ist ihre Aufgabe, dass der Himmel offen ist und geistliche Hindernisse entfernt werden. Wenn in einer Stadt Orte sind, wo Menschen die Gegenwart Gottes suchen, wo beständig Lobpreis und Gebet aufsteigt, hat das eine Auswirkung auf die geistliche Atmosphäre in dieser Stadt. Umso besser, wenn viele Gruppen von Menschen in einer Stadt beten, wenn ganze Kirchengemeinden zusammen beten, wenn Leiter in Einheit beten und wenn vielleicht sogar ein Gebetshaus in der Stadt ist. Die Beter sind es, die den Himmel auf die Erde ziehen, die die geistliche Atmosphäre bestimmen und Hindernisse beseitigen, damit das Evangelium landen kann.

Da liegt es nahe, dass Fürbitte und Evangelisation und Mission zusammenkommen müssen, damit geistliche Durchbrüche passieren können. So, wie wir es bei der Zusammenarbeit des Fürbitters Father Nash mit dem Evangelisten Charles Finney gesehen haben. Geistliche Aufbrüche, die wir auch als Erweckung bezeichnen, haben immer damit begonnen, dass Menschen angefangen haben, für ihre Region zu beten.

Zwischen 1949 und 1953 fand eine solche Erweckung auf der *Isle of Lewis* statt, einer Insel, die zur Inselgruppe der äußeren Hebriden gehört. Hier haben zwei betagte Schwestern angefangen zu beten und haben sich dann Schritt für Schritt vom Heiligen Geist leiten lassen. Christine und Peggy Smith, eine von ihnen war 82, tief gebeugt durch Arthritis, und die andere war 84 und blind. Sie konnten nicht mehr in die Kirche gehen, aber sie konnten immer noch beten. Eines Abends bewegte der Heilige Geist während ihrer Fürbitte ihr Herz in besonderer Weise für die jungen Menschen der Insel. Plötzlich empfing eine der Schwestern eine Vision, in der Gott ihr zeigte, wie junge Menschen in die Kirche am Ort strömten und sie füllten. Gott hatte gesprochen und ihr Gebet erhört, nun, fanden sie, war es Zeit für konkrete Schritte.

Fürbitte, Evangelisation und Mission müssen zusammenkommen, damit geistliche Durchbrüche passieren können.

Am nächsten Morgen baten sie den Pfarrer, zu ihnen nach Hause zu kommen, und teilten ihm mit, dass er sich bereit machen solle, denn die Erweckung stünde unmittelbar bevor. Der Pfarrer fragte die Schwestern etwas hilflos, was er denn ihrer Meinung nach tun solle. Die Schwestern gaben zur Antwort: »Sie sollten dringend beten!« Und dann schlugen ihm die beiden über 80-jährigen Kriegerinnen des Lichts einen Deal vor: »Wenn Sie mit den Ältesten der Gemeinde mindestens zweimal pro Woche einen Gebetsabend veranstalten, werden wir hier dasselbe tun von 22 Uhr bis 3 Uhr morgens.«

So begannen im Jahr 1949 mehrmals pro Woche Gebetsabende bis spät in die Nacht im Dorf Barvas auf der *Isle of Lewis*. Zweimal in der Woche beteten sie fünf Stunden bis in die Nacht, denn sie waren überzeugt, dass Gott gesprochen hatte. Und wenn Gott eine Verheißung gibt, dann ist es unsere Aufgabe, zu beten, dass diese Realität wird. Es gab keine schnelle Gebetserhörung im Sichtbaren, aber sie gaben nicht auf. Die Smith-Schwestern beteten in ihrem Haus und die Ältesten der Gemeinde in ihrer Scheune bis zu einem bestimmten Abend, als einer der Ältesten aufstand und Psalm 24 vorlas:

> » Wer darf hinaufsteigen auf den Berg des Herrn und wer darf stehen an seiner heiligen Stätte? Wer unschuldige Hände und ein reines Herz hat, er, der seine Seele nicht auf Falsches gerichtet und nicht zum Betrug geschworen hat. Er wird Segen empfangen vom Herrn und Gerechtigkeit von dem Gott seines Heils.
> *Psalm 24,3-5*

Für diesen Ältesten war es ganz klar, dass es keinen Sinn hatte, Abend für Abend auf den Herrn zu warten, wenn ihr eigenes Leben nicht in Ordnung war. So fiel er auf seine Knie und warf sich dann auf den Boden. In dem Moment wurde die Scheune plötzlich mit der spürbaren Gegenwart Gottes erfüllt. Im Rückblick war das der Moment, in dem die Kraft Gottes freigesetzt wurde, die die Hebriden erschütterte.

Am nächsten Morgen wandte sich der Pfarrer an die Organisation *Faith Mission* in Edinburgh und bat um einen Gälisch sprechenden Evangelisten, der so schnell wie möglich kommen sollte. So kam es, dass ein Prediger namens Duncan Campbell auf die Insel kam. Als er ankam, war die Kirche schon vollgepackt mit neugierigen Anwohnern, die sich das Spektakel nicht entgehen lassen wollten. Und der Heilige Geist kam und begann sich unter den Menschen zu bewegen. Menschen fingen an, laut zu schreien, als ob sie körperliche Schmerzen hätten. Die erste Versammlung dauerte bis 4 Uhr morgens. Duncan Campbell wollte eigentlich nur zehn Tage auf den Hebriden bleiben, blieb aber zwei Jahre lang und reiste von Ort zu Ort. Er betete und predigte überall, wo er hinging, und unzählige Menschen fanden zu Jesus Christus.

Ich bete dafür, dass der Geist des Gebets und des Flehens viele Fürbitter immer mehr ergreift.

Innerhalb von vier Jahren übergab die Mehrheit der Bevölkerung Christus ihr Leben, leere Kirchen wurden wieder mit jungen Menschen gefüllt, es gab außergewöhnliche Zeichen und Wunder und die gesamte Struktur der Gesellschaft wurde auf den Hebriden durch das Evangelium transformiert.[14]

Das alles geschah, weil zwei hochbetagte Damen beteten und den Himmel bestürmten und dann auf das Reden des Heiligen Geistes gehorsam reagierten.

Wie sehr möchte ich, dass mein Herz mehr brennt für einen Durchbruch in dieser Generation und dass der Heilige Geist mein Herz ergreift und bewegt, so wie er es bei den Smith-Schwestern getan hat. Ich wünsche mir und bete dafür, dass der Geist des Gebets und des Flehens mich und viele Fürbitter immer mehr ergreift und dass die Gegenwart Gottes in unsere Städte kommt, wie in das Dorf auf der Hebrideninsel Isle of Lewis.

Interessant ist, dass die beiden alten Damen beständig in der Fürbitte waren. Nicht jede Fürbittezeit war so außerordentlich wie diese eine, in der Gott den Geist des Gebets und des Flehens auf sie ausgoss, um für die jungen Menschen auf den Hebriden einzutreten. Ich wage zu behaupten, dass die meisten Gebetszeiten, die sie hatten, unspektakulär waren. Vielleicht sogar manchmal anstrengend, nicht sensationell, sondern normal. Aber sie kultivierten ein starkes, beständiges Gebetsleben und gaben dem Heiligen Geist eine Landebahn, dass er ihre Herzen bewegen konnte. Lasst uns mit einer großen Erwartung in jede Gebetszeit gehen und Großes von Gott erwarten. Der Ruf in die Fürbitte ist ein Ruf in die geistliche Luftwaffe. Es ist eine Ehre für uns, Teil der Heerscharen des Herrn sein zu dürfen.

UNERREICHTE VOLKSGRUPPEN

Anfang der 90er-Jahre des 20. Jahrhunderts wurden die Themen Mission und Evangelisation im Leib Christi sehr betont. In meiner Gemeinde damals hatten wir jedes Jahr Missionskonferenzen, und es gab große Gebetskonferenzen für das sogenannte »10/40-Fenster«. Das ist das Gebiet zwischen dem 10. und dem 40. Breitengrad nördlich des Äquators. Also der Bereich, der sich von Nordafrika bis nach Asien erstreckt. Dieses Gebiet ist geprägt von großer Armut und geringer Lebensqualität. Hier leben vor allem Muslime, aber auch Hindus und Animisten. Und hier leben auch die meisten noch unerreichten Volksgruppen, nämlich 96,3 Prozent.

Wir dürfen nicht vergessen, dass Nationengrenzen oftmals willkürlich durch politische Schachzüge entstanden sind. So wurden ethnische Gruppen, also Volksgruppen mit eigener Sprache und

Kultur, zerrissen und leben nun künstlich durch Nationengrenzen getrennt. Aber diese Volksgruppen gilt es mit dem Evangelium vom Reich Gottes zu erreichen. Jesus sagt im Matthäusevangelium, dass alle Völker die Botschaft vom Reich Gottes hören werden, bevor das Ende kommen wird: »Die Botschaft vom Reich Gottes wird auf der ganzen Welt gepredigt werden, damit alle Völker sie hören, und dann erst wird das Ende kommen« (Matthäus 24,14; NLB).

Wir alle kennen den Missionsbefehl von Jesus:

» Geht nun hin und macht alle Nationen zu Jüngern, und tauft sie auf den Namen des Vaters und des Sohnes und des Heiligen Geistes, und lehrt sie alles zu bewahren, was ich euch geboten habe! Und siehe, ich bin bei euch alle Tage bis zur Vollendung des Zeitalters.

Matthäus 28,19-20

Wenn wir den Missionsbefehl hören, denken wir vielleicht: Es gibt ja auch viele Missionsgesellschaften und viele aktive Missionare, dann kann Jesus ja bald wiederkommen, oder? Wir geben alle unseren Zehnten und spenden darüber hinaus noch ins Reich Gottes, da müssten doch die Finanzen für die Erreichung der Unerreichten gut zusammenkommen. Aber in Wirklichkeit sieht es ganz anders aus. Auf der ganzen Welt leben zurzeit ca. 8 Milliarden Menschen. Davon haben 4,7 Milliarden dieselben Möglichkeiten, Jesus kennenzulernen, wie wir im deutschsprachigen Raum. Bei uns gibt es Religionsfreiheit, viele Kirchen beziehungsweise freikirchliche Gemeinden und die Bibel in deutscher Sprache in vielen Übersetzungen. Aber von den 8 Milliarden Menschen haben 3,3 Milliarden den Namen Jesus Christus noch gar nie gehört.

Jetzt sollte man meinen, dass die meisten Missionare in diesen Ländern sind und dementsprechend die meisten Finanzen für die

Mission ebenfalls im 10/40-Fenster fließen. Aber leider gibt es tatsächlich wenige Missionare, die bereit sind, in unerreichte Gebiete zu unerreichten Volksgruppen zu gehen. Von 100 Missionaren geht nur ein einziger zu unerreichten Volksgruppen. Oftmals sind das natürlich auch Gebiete, in denen Christenverfolgung herrscht und wo Mission richtig gefährlich ist.

Allerdings sind seit ein paar Jahren Menschen aus dem 10/40-Fenster als Flüchtlinge zu uns gekommen, was es sehr viel leichter macht, sie zu erreichen. Zumindest theoretisch. Wir sehen, dass es wichtig ist, dass das Volk Gottes die Mission und insbesondere die unerreichten Völker in den Blick nimmt. Denn es gibt noch so viele Volksgruppen, die auf die gute Nachricht warten, und so wenige Missionare, die bereit sind und die Finanzen haben, zu ihnen zu gehen.

Wenn alle Völker die Botschaft vom Reich Gottes gehört haben, wird erst das Ende kommen.

Mit den Finanzen sieht es auch nicht viel besser aus. Von 10 für die Mission gespendeten Euro fließen gerade mal knapp 17 Cent zu den Missionaren in den unerreichten Volksgruppen, und 9,83 Euro davon gehen zu den Missionaren in schon erreichten Gebieten. Dieses Verhältnis hat sich in den letzten Jahren sogar schon deutlich verbessert, vorher war es noch weniger. Da gibt es also noch ganz schön viel zu tun, was die unerreichten Volksgruppen betrifft. Beten und Spenden ist das Gebot der Stunde. Um einfach ein paar konkrete Vorschläge zu nennen: Mit verhältnismäßig geringem finanziellem Aufwand kann man einheimische Missionare vor Ort über *www.salz-international.org.* unterstützen. Auch *Frontiers* und *Globe Mission* senden Missionare zu den Unerreichten aus. *Elijah 21* geht zu den Unerreichten, die im deutschsprachigen Raum leben.

Wichtig ist für uns als Fürbitter, dass wir als Luftwaffe mit den Bodentruppen, den Missionaren, zusammenarbeiten, indem wir für diejenigen beten, die gehen. Dazu ist es nicht einmal unbedingt nötig, dass man sich persönlich kennt. Das Internet macht es möglich, dass die Fürbitter Stoff zum Beten bekommen. Fürbitter und Missionare beziehungsweise Evangelisten haben unterschiedliche Berufungen. Oft ist es so, dass Menschen, die eine ausgesprochen starke Berufung haben, in der Fürbitte zu stehen, einfach gerne beten und es lieben, stundenlang in der Gegenwart Gottes zu verweilen.

Mehr evangelistisch begabte Menschen haben hingegen vorwiegend eine andere Aufgabe: draußen zu sein und mit Menschen zu sprechen, zu predigen, dem Leib Christi von den Verlorenen zu erzählen und sie zu lehren, wie sie die Botschaft verkündigen können. Ihre Aufgabe ist es auch, den Betern konkrete Anliegen zum Beten zu geben und sie über die Situation vor Ort zu informieren.

Wir haben in unserer heutigen Zeit wunderbare Möglichkeiten, über das Internet in Verbindung zu sein. Informationsmaterial gibt es in Hülle und Fülle, nur einen Klick entfernt. Auf der Website von *Kingdom Impact* gibt es Informationen über unerreichte Volksgruppen und wie man sich engagieren kann. Außerdem könnt ihr auch die folgenden Websites, die sich ebenfalls mit diesem Thema beschäftigen, besuchen und Material für eure Fürbitte sammeln.

Informiert euch über die Sendung

www.kingdomimpact.org
www.frontiers.de
www.salz-international.org
www.globemission.org
www.elijah21.org

Aktivierung

LUFTWAFFE MIT BODENTRUPPEN VERBINDEN

Nicht nur in der Auslandsmission ist es wichtig, dass die Luftwaffe den Einsatz der Bodentruppen vorbereitet und begleitet. Wie wir am Beispiel von Charles Finney und Father Nash oder auch von Duncan Campbell und den Smith-Schwestern gesehen haben, geht jedem geistlichen Durchbruch Fürbitte voraus. Auch wir hier im postchristlichen Westen brauchen dringend eine neue Ausgießung von Erweckungsfeuer. Dann werden wir auch wieder zu sendenden Nationen. Wenn die Flut kommt, steigen alle Schiffe.

Schreibt »Bodentruppen« in eurer Stadt und eurem Land auf, die ihr kennt:

Besucht die oben genannten Websites und schreibt »Bodentruppen« auf, die in unerreichten Gebieten arbeiten:

Betet für diese »Bodentruppen« und fragt den Herrn, mit welchen ihr in der Fürbitte verbunden bleiben sollt:

AUF DEN PUNKT

Auch im Reich Gottes ist es wichtig, dass die Luftwaffe und die Bodentruppen zusammenarbeiten. Großen Bewegungen Gottes gehen in der Regel kontinuierliche Fürbitte und Menschen, die sich von Gott bewegen lassen, voraus. Fürbitte und Missionsbewegung müssen zusammenkommen, denn es gibt noch so viele unerreichte Menschen, die noch das Evangelium vom Reich Gottes hören müssen, bevor Jesus wiederkommen kann.

13

Gebet für Leiter

Luftwaffe, Bodentruppen, Krieger des Lichts – mittlerweile geht es in diesem Buch ganz schön zur Sache. Bei allen kriegerischen Wörtern, die wir verwenden, vergessen wir natürlich nie, wer die ganze Welt in seiner Hand hält und auf wessen Schultern die Herrschaft liegt. Dass wir nicht nur Krieger sind, sondern dass wir Söhne und Töchter des allerhöchsten Königs sind. Dass wir nicht gegen Fleisch und Blut kämpfen, sondern gegen die Beherrscher der Finsternis. Und dass wir mit den geistlichen Waffen des Lichts aus unserer sicheren Position als geliebte Kinder des allerhöchsten Königs heraus kämpfen. Unsere geistliche Autorität kommt nur aus unserer Beziehung zu Gott. Und es ist Gottes Kraft und der Sieg von Jesus, auf dem wir stehen und den wir hier in der sichtbaren Welt durch Glauben durchsetzen.

Unsere geistliche Autorität kommt nur aus unserer Beziehung zu Gott.

Trotzdem ist der Kampf real, und es geht darum, die Strategien des Feindes zu durchschauen. Eine dieser Strategien besteht darin, geistliche Leiter anzugreifen. (Wenn ich in diesem Kapitel von »Leitern« spreche, schließe ich grundsätzlich auch Leiterinnen mit ein.)

Wenn die Leiter ausgeschaltet werden, bringt das dem Leib Christi Schaden und Verluste. Geistliche Leiter sind wie Leuchttürme in der Finsternis. Viele Menschen orientieren sich an ihnen. Die Berufung und Salbung auf den Leitern sind Gaben Gottes an den Leib Christi, um ihn zu stärken und auszurüsten.

Wenn ich der Feind wäre, würde ich auch zuerst versuchen, diejenigen auszuschalten, die die Truppen zusammenhalten, die ihnen Richtung und Ziele geben und die sie ausbilden. Damit sind die ganzen Truppen dieses Leiters zumindest für eine gewisse Zeit uneffektiv und anderweitig beschäftigt oder sogar nachhaltig so entmutigt, dass sie sich zerstreuen. Leiter stehen an der Front. Sie brauchen besonders viel Schutz und Unterstützung durch Fürbitte.

Zwei wichtige Aspekte, warum Leiter Gebet benötigen: Schutz vor Angriffen und unterstützendes, segnendes Gebet, damit ihnen die Kraft nicht ausgeht. Wir sehen das sehr schön veranschaulicht im ersten Buch Mose. Die Amalekiter griffen Israel an. Mose beauftragte Josua, eine Armee zusammenzustellen und am nächsten Tag gegen die Amalekiter zu kämpfen. Er, Mose, jedoch würde sich auf den Gipfel des Hügels stellen und den Stab Gottes in seiner Hand erheben.

» Da tat Josua, wie Mose ihm gesagt hatte, um gegen Amalek zu kämpfen. Und Mose, Aaron und Hur stiegen auf den Gipfel des Hügels. Und es geschah, wenn Mose seine Hand erhob, dann hatte Israel die Oberhand, wenn er aber seine Hand sinken ließ, dann hatte Amalek die Oberhand. Da jedoch Moses Hände schwer wurden, nahmen sie einen Stein und legten den unter ihn, und er setzte sich darauf. Dann stützten Aaron und Hur seine Hände, der eine auf dieser, der andere auf jener Seite. So blieben seine Hände fest, bis die Sonne unterging. Und Josua besiegte Amalek und sein Kriegsvolk mit der Schärfe des Schwertes.
2. Mose 17,10-13

Solange eine Hand von Mose erhoben war, hatte Israel die Oberhand im Kampf. Aber Mose brauchte Unterstützung von Aaron und Hur, alleine hätte er es nicht geschafft. Aaron und Hur mussten in der sichtbaren Welt die physischen Hände von Mose stützen. Als Fürbitter unterstützen wir die Leiter mit Kraft aus der Höhe.

Wie oft wird einem geistlichen Leiter seine Aufgabe schwer. Geistlicher Druck vom Feind, Widerspruch und Unzufriedenheit von den eigenen Leuten, finanzielle Herausforderungen, Probleme in Ehe und Familie, das alles kann sich für den Leiter anfühlen, als ob eine Salve Pfeile auf ihn abgeschossen würde. Deshalb ist es so wichtig, dass er Fürbitter hinter sich hat, die ihm geistlich unter die Arme greifen. Sie richten einen Schutzschild des Gebets über ihm auf, damit er wieder Hoffnung bekommt und Trost und Kraft vom Herrn empfangen kann, dass Wunder passieren, dass die Umstände sich wenden und so weiter.

Auch der Apostel Paulus bittet immer wieder in seinen Briefen um Gebet:

> » [Betet] auch für mich, damit mir Rede verliehen wird, wenn ich den Mund öffne, mit Freimütigkeit das Geheimnis des Evangeliums bekannt zu machen – für das ich ein Gesandter in Ketten bin –, damit ich in ihm freimütig rede, wie ich reden soll.
> *Epheser 6,19–20*

IM GEIST BETEN

Auch und ganz besonders, wenn wir für Leiter beten, ist das oberste Gebot, dass wir nicht für jemanden beten dürfen, den wir nicht respektieren, ehren und lieben. Sobald Kritik oder gar Verachtung in unserem Herzen gegenüber der Person ist, sind wir als Fürbitter schon disqualifiziert, denn dann können wir nicht mehr im Geist beten, weil unsere eigenen Urteile über die Person unseren Blick verschleiern. Wir sehen dann den Leiter nicht mehr mit Gottes Augen, sondern durch unsere eigene Brille der Kritik. Dadurch besteht die reale

Gefahr, dass wir versuchen, durch Gebet den Leiter in unser eigenes Bild zu verwandeln. Um es einmal deutlich beim Namen zu nennen: Wenn wir mit Kritik oder Verachtung im Herzen beten, werden wir versuchen, den Leiter durch Gebet zu steuern und zu manipulieren, dass er das tut, was wir für richtig halten.

Mit Kritik im Herzen können wir nicht für Leiter beten.

Dass das nichts Gutes bewirken kann, ist uns hoffentlich allen jetzt sehr klar. Auch wenn wir sicherlich keinen Schaden anrichten wollen und denken, wir tun etwas Gutes für das Reich Gottes, überschreiten wir dennoch unser Mandat und bewegen uns nicht mehr im Geist, sondern im Fleisch. Die Resultate sind dann seelische, fleischliche Gebete, die aus einer Haltung von Stolz, Überheblichkeit oder Verachtung heraus gebetet werden oder zumindest aus der Überzeugung, etwas besser zu wissen als der Leiter.

Solche fleischlichen Gebete sind tatsächlich wirksam wie Flüche. Ich sage bewusst Flüche, weil diese Gebete nicht dem Willen Gottes – seinem Segen – entsprechen. Sie sind Festlegungen, die über den Leitern ausgesprochen werden. Alles in dem Versuch, Kontrolle auszuüben, obwohl wir kein Leitungsmandat haben. Das ist eine Art von Zauberei, und Paulus nennt dies in seiner Liste der Früchte des Fleisches in einem Atemzug mit Unzucht und Götzendienst:

> » Offenbar aber sind die Werke des Fleisches; es sind: Unzucht, Unreinheit, Ausschweifung, Götzendienst, Zauberei, Feindschaften, Streit, Eifersucht, Zornausbrüche, Selbstsüchteleien, Zwistigkeiten, Parteiungen, Neidereien, Trinkgelage, Völlereien und dergleichen. Von diesen sage ich euch im Voraus, so wie ich vorher sagte, dass die, die so etwas tun, das Reich Gottes nicht erben werden.
> *Galater 5,19-21*

Solche Zauberei-Gebete bewirken bei Leitern zusätzliche Probleme. Sie können dazu führen, dass ein Geist der Verwirrung, Hoffnungslosigkeit und Entmutigung hervorkommt. Dass Leiter sich so fühlen wie in einem Nebel und nicht mehr klarsehen können, sich nicht mehr handlungsfähig fühlen und eine Enge um sich spüren. Diese geistliche Zauberei muss dann im Gebet gebrochen werden, damit sie wieder frei sind.

Ein Fürbitter, der für Leiter betet, braucht eine sanftmütige und dienende Haltung. Es ist notwendig, den Leiter oder die Leiterin im Geist zu erkennen. Das heißt, als Fürbitter müssen wir lernen, mit Gottes Augen zu sehen. Wir schauen auf das Gold, die Berufung, die Salbung und reduzieren die Person nicht auf ihre Fehler. Wir erkennen die Schätze und lieben und wertschätzen die Person, für die wir beten. Wir sprechen gut über sie und sind für sie.

Wir wissen viel weniger, als wir denken. Lasst uns ein gesundes Misstrauen unserer eigenen Wahrnehmung und unserer eigenen Seele gegenüber haben. Die Urteile, Verletzungen und blinden Flecke, die wir im Laufe unseres Lebens angesammelt haben, können unsere Wahrnehmung trüben. Unser Erkennen hier auf dieser Seite der Ewigkeit ist immer Stückwerk. Niemand von uns hat den Willen Gottes je vollständig erkannt, und wir können auch nicht in die Herzen von Menschen sehen. Außerdem sehen und wissen Leiter über die ihnen anvertrauten Dienste und Menschen oft mehr als wir, weil sie von Gott die entsprechenden Aufträge und Mandate samt Autorität dafür bekommen haben. Sie müssen auch vor Gott dafür Rechenschaft ablegen, nicht vor uns.

> Als Fürbitter müssen wir lernen, Leiter mit Gottes Augen zu sehen.

Es ist einfach eine Tatsache, die wir beachten müssen. Hier brauchen wir als Fürbitter Furcht des Herrn. Es geht so viel weniger um uns und um das, was wir selbst erkennen, als uns manchmal lieb sein kann. Doch können wir nur in einer unterstützenden Art für

Leiter beten, die wir lieben, die wir im Geist erkennen und für die wir Glauben haben.

Heißt das, dass ich von der Aufgabe, für Leiter zu beten, jetzt am besten ganz und gar meine Finger lassen sollte, nach dem Motto »zu heißes Eisen«? Nein, das heißt das nicht. Aber es heißt, dass wir unser eigenes Herz als Fürbitter immer wieder in Demut Gott hinhalten, dass er unsere Motive prüfen darf. Gott hat uns den Heiligen Geist gegeben, der uns hilft, uns selbst zu erkennen und uns auf das auszurichten, was auf Gottes Herzen ist. Darum geht es.

GEISTLICHE BODYGUARDS

Paulus hebt einen seiner Fürbitter lobend hervor: »Es grüßt euch Epaphras, der von euch ist, ein Knecht Christi Jesu, der allezeit für euch ringt in den Gebeten, dass ihr vollkommen und völlig überzeugt in allem Willen Gottes dasteht« (Kolosser 4,12).

Epaphras schien ein Fürbitter von der Sorte Daniel Nashs gewesen zu sein, der mit ganzem Körpereinsatz vom Geist Gottes geleitet Durchbruchsgebete betete. Bestimmt nicht nur für die Kolosser, sondern auch für den Dienst von Paulus. Der Dienst der Fürbitter findet im Verborgenen statt und erfordert eine enorme Demut, denn für die Durchbrüche, um die sie im Gebet gerungen haben, heimsen andere, die auf der Bühne stehen und die jeder kennt, das Lob ein. So wie es auch bei Charles Finney und Father Nash war. Aber die Wahrheit ist, und das weiß jeder Leiter, dass ein Leiter alleine nicht alles bewirken kann, was man von außen sieht. Es braucht ein Team, Mitarbeiter, Helfer, Diener, Fürbitter.

Auch wenn man als Fürbitter vielleicht nicht viel Ehre von Menschen bekommt, Gott sieht es. Und als Fürbitter bekommen wir natürlich Anteil an der »Beute«, also an den geistlichen Durchbrüchen. Von der Perspektive des Himmels aus sieht Erfolg noch einmal ganz anders aus. Wir werden sicherlich staunen, welche Menschen groß sind im Himmel und reich belohnt werden, von denen wir hier auf der Erde noch nie gehört haben. Der Dienst der Fürbitte hat einen ganz hohen Rang im Himmel, denn Jesus hat gesagt: »Wer unter euch der Größte sein will, sei der Diener aller.«

Der Dienst der Fürbitter findet im Verborgenen statt und erfordert eine enorme Demut.

In meinem Leben gibt es einige wunderbare Menschen, die für mich beten. Meine treueste Fürbitterin ist sicherlich meine Mama. Sie betet immer für mich und alle ihre Kinder und Enkel. Sie begleitet mich im Gebet auf allen meinen Einsätzen und freut sich über jeden Sieg. Ich bin ja gespannt, wenn ich im Himmel mal hinter die Kulissen meiner Lebensgeschichte schauen kann, zu sehen, wie wichtig und bestimmt manchmal lebensrettend die Gebete meiner Fürbitter waren. Eine andere Fürbitterin ruft immer mal wieder an, weil sie im Gebet für mich einen Eindruck von Gott hatte oder von mir geträumt hat, und fragt nach, wie es mir geht. Dann wird gleich am Telefon gebetet und hinterher fühle ich mich immer wie nach drei Tagen Wellness-Urlaub.

Wieder eine andere hat manchmal sehr richtungsweisende Prophetien für mich, die sich dann Jahre oder Monate später bewahrheiten. Eine wunderbare Gebetstruppe von *Kingdom Impact* betet regelmäßig für mich und für meine Dienste, Seminare und Bücher. Was alle meine Fürbitter gemeinsam haben, ist, dass sie mich von Herzen lieben und wertschätzen. Sie feiern meine Erfolge und glauben an meine Berufung. Solche Fürbitter zu haben, ist ein riesiges Geschenk. Wenn ihr das hier lest: Ich liebe und danke euch von Herzen!

WAS EINEN GEISTLICHEN BODYGUARD KENNZEICHNET:

- hat Liebe und Glauben für den Leiter
- hat ein dienendes Herz, d. h. kann zufrieden im Hintergrund stehen
- nutzt die Position als Fürbitter nicht dazu, um sich selbst Vorteile zu verschaffen
- hält absolute Schweigepflicht ein, wenn ihm oder ihr etwas anvertraut wird, entweder vom Leiter persönlich oder vom Herrn
- respektiert das Level von Vertrauen, das entgegengebracht wird: Vertrauen muss wachsen und hängt auch von Gottes Auftrag ab. Manche Fürbitter sind ganz nah am Leiter, manche etwas weiter weg.
- nimmt auch die Familie des Leiters mit aufs Herz, sie wird ebenso vom Feind angegriffen
- betet vor, während und nach geistlichen Diensten des Leiters für ihn oder sie – oft kommen Angriffe verstärkt nach einem Einsatz

FÜRBITTE FÜR LEITER PRAKTISCH

Wie und für was ist es denn nun sinnvoll und wichtig, für Leiter zu beten? Es gibt natürlich viele verschiedene Möglichkeiten und Modelle. Man könnte zum Beispiel einfach die apostolischen Gebete nehmen (siehe die Aktivierung in Kapitel 9) und damit für die Leiter und ihre Familien beten. Ich persönlich habe viele Jahre für Leiter gebetet und habe dafür eine einfache Struktur verwendet, die die wichtigsten Lebensbereiche abdeckt.

Ehe und Familie

Wenn der Leiter, für den du betest, nicht verheiratet ist und keine Kinder hat, dann bete hier für die Herkunftsfamilie, Eltern, Geschwister, Onkel, Tanten, Nichten, Neffen und für den engsten Freundeskreis. Hier kann der Feind auch angreifen und Unruhe und Ablenkung bringen.

Wenn der Leiter verheiratet ist und Kinder hat, dann bete für den Schutz der Ehe, für tiefe gemeinsame Zeiten. Bete um Schutz auf den Kindern, dass auch die Kinder Jesus kennenlernen. Bete, dass das Familienleben erfüllt ist von der Gegenwart Gottes. Bete um Schutz der Kinder in Kindergarten und Schule. Um gute Freunde, die auch mit Jesus gehen. Das sind nur allgemeine Dinge; der Herr wird dich im Gebet führen, und auch konkrete Dinge, die du weißt, können hier mit hineinfließen.

Schutz

Bete um Schutz für die Gesundheit des Leiters und seiner Familie. Schutz auf allen Beziehungen innerhalb und außerhalb der Familie. Schutz auf jeder Kommunikation. Oft versucht der Feind, Worte zu verdrehen und Beziehungen zu zerstören, hier braucht es besonders viel Schutz. Bete um Schutz auf allem Besitz, Auto, Wohnung, Haus, Computer (besonders gerne angegriffen), dass der Feind nichts rauben kann. Dass die Elektrogeräte eine normale oder sogar übernatürlich lange Lebensdauer haben. Nichts ist gemeiner als eine kaputte Waschmaschine kurz vor einem Einsatz. Bete für Schutz auf allen Fahrten und Reisen. Bete für ruhigen und erholsamen Schlaf. Bete für besonderen Schutz auf den Gedanken.

Salbung

Bete um Schutz auf dem »Salbungsmantel« des Leiters. Hier greift der Feind besonders gerne an. Berufung und Salbung müssen immer durch Fürbitte geschützt werden. Keine Hinterfragung, weder von außen noch von innen. Bete, dass die Salbung auf dem Leiter zunimmt. Bete um erleuchtete Augen und Ohren des Geistes. Bete um Zunahme der Gabe der Unterscheidung der Geister. Bete um eine Zunahme an geistlicher Autorität und geistlichen Gaben.

Finanzen

Die Finanzen sind ein wichtiges Thema. Wenn hier Mangel und Unfrieden herrscht, hat das ein großes Ablenkungspotenzial. Bete für gute finanzielle Versorgung, oft leben Leiter von einem Spenderkreis, der sie mit monatlichen Geldbeträgen unterstützt. Bete um einen stabilen Spenderkreis, dass sich Menschen finden, die langfristig den Dienst dieser Person unterstützen möchten. Bete um Finanzwunder, um Segen und Fülle. Bete, dass der Leiter so viel Geld bekommt, dass er großzügig Finanzen für das Reich Gottes weitergeben kann. Bete um Extra-Geldgeschenke, dass die Familie auch in den Urlaub fahren und sich mal etwas Schönes gönnen kann. Bete um Schutz auf den Finanzen, dass der Feind hier nichts rauben kann. Bete, dass auch der Glaube des Leiters für Finanzwunder wächst, nicht nur für sich persönlich, sondern auch für den Ausbau seines Dienstes. Wenn zum Beispiel Häuser oder Autos benötigt werden oder größere Anschaffungen getätigt werden müssen, wie eine Soundanlage oder ein Computer.

Beziehungen und Netzwerk

Jemand hat einmal gesagt: »The kingdom of God grows at the speed of relationships.« Also: Das Reich Gottes wächst so schnell, wie die Beziehungen innerhalb dieses Reiches wachsen. Bete für alle Beziehungen des Leiters innerhalb seines Dienstes, in der

Stadt, im Land und international. Bete, dass sein Netzwerk wächst, dass er starke freundschaftliche Beziehungen bekommt zu anderen Leitern. Bete für »*divine appointments*«, also von Gott eingefädelte Begegnungen. Bete für Vernetzung mit Schlüsselpersonen und geistlichen Diensten, die wichtig sind für das Wachstum des Reiches Gottes.

Gottes Timing und Gottes Pläne

Bete für den Leiter für Weisheit, die von oben kommt. Bete, dass er Gottes Zeitpläne erkennen kann. Dass nichts versäumt wird, aber auch nichts voreilig gemacht wird. Bete, dass Gottes Pläne und Strategien für den Leiter erkennbar werden. Bete für das Reden Gottes auf allen Kanälen. Bete, dass der Leiter von Gott geführt wird und dass er gut kooperieren kann mit dem, was Gott tut und plant.

Es ist so ermutigend, wenn man mitbekommt, dass jemand gebetet hat.

Mit dieser Gebetsstruktur habe ich gute Erfahrungen gemacht. Nach jeder Gebetszeit habe ich jeweils ein kleines Protokoll angefertigt mit den wichtigsten Punkten, für die ich gebetet habe. Auch vielleicht noch zusätzliche Eindrücke, die ich hatte, oder Bibelverse, die mir der Herr für den Leiter gegeben hat. Dieses Protokoll habe ich dann dem Leiter per E-Mail gesendet. Das kann ich sehr empfehlen. Es ist so ermutigend, wenn man mitbekommt, dass jemand gebetet hat, und ganz oft waren die Eindrücke sehr wertvoll und hilfreich in der jeweiligen Situation.

Auf der Website von *Kingdom Impact* findet man sehr viele Informationen zum Thema Gebet für Leiter. Auch gibt es dort noch zusätzliche Weiterbildungsmöglichkeiten, und man kann sich melden, wenn man gerne in ein Fürbitte-Programm für Leiter aufgenommen werden möchte.

Aktivierung

BETE FÜR EINEN LEITER ODER EINE LEITERIN.

So, jetzt bist du dran. Nimm dir Zeit, die oben genannten Punkte für einen Leiter deiner Wahl zu beten. Nimm nur jemanden, den du wertschätzt und für den du Glauben hast. Schreibe ein Gebetsprotokoll dazu. Wenn du den Leiter oder die Leiterin kennst, kannst du dieses Protokoll gerne an sie weiterleiten. Aber ohne Erwartung, dass etwas zurückkommt. Wir wollen ja den Leitern keine zusätzliche Arbeit machen, sondern wir wollen sie von Herzen segnen.

Kleiner optionaler Zusatztipp: Vielleicht führt dich der Herr ja auch, der Person, für die du gebetet hast, eine kleinere oder größere Summe an Geld zu überweisen und in ihren Dienst zu investieren. Dann bist du gleich Teil deiner eigenen Gebetserhörung zum Thema Finanzen.

AUF DEN PUNKT

Leiter brauchen Schutz und Gebetsabdeckung. Der Dienst der Fürbitte erfordert viel Demut und ein dienendes Herz, weil er im Verborgenen geschieht. Sei zuverlässig und bete regelmäßig, wenn Gott dir einen Fürbitte-Auftrag für eine bestimmte Person gegeben hat. Sei verschwiegen und erweise dich als vertrauenswürdig. Bete nur, wenn du liebst und Glauben hast. Fürbitte ist ein kostbares Geschenk, das jeder Leiter dringend braucht. Sei ein Fürbitter, der keine zusätzliche Arbeit macht, sondern von Herzen segnen und dienen will. Dein Lohn im Himmel wird groß sein!

14

Topfschlagen und Holzhacken – Beten als Gruppe

Hey, gemeinschaftliche Gebetszeiten in der Gruppe können richtig Spaß machen und effektiv sein! Schon mal erlebt? Was für ein inneres Bild hast du, wenn du an Gebetsgruppen denkst?

Bevor ich vollzeitliche Gebetshausmissionarin im Gebetshaus Augsburg wurde, konnte ich es mir überhaupt nicht vorstellen, dass ich eines Tages an sechs Tagen in der Woche jeweils vier Stunden betend im Gebetsraum verbringen würde. Wenn mir das jemand vor 2007 gesagt hätte, hätte ich sicherlich die Flucht ergriffen und mich ferngehalten von allem, was mit Gebetshaus zu tun hat. Gut, dass wir meistens nicht vorher wissen, welche Wege uns Gott führen wird, sonst würden wir bestimmt oft vor lauter Angst weglaufen und das Beste verpassen.

Gott führt uns auf eine unvergleichliche und sehr geniale Weise, indem er uns einfach in seine Gegenwart hineinlockt. Das tut er, indem er uns etwas von sich zeigt. Er lässt uns seine Gegenwart spüren und berührt uns ganz zart, und manchmal überwältigt er uns sogar mit seiner Liebe und seinem Frieden. Dann wollen wir immer mehr von ihm und seiner wunderbaren Gegenwart. Denn auf der Erde gibt es nichts Vergleichbares. Nichts und niemand ist faszinierender als Jesus. Dass diese Aussage wahr ist und dass man Jesus als den faszinierenden Gott erleben kann, habe ich in den

Jahren meines Dienstes im Gebetshaus (2008–2020) lernen und schmecken dürfen. Am Anfang fiel es mir noch schwer, länger am Stück fokussiert am Gebet dranzubleiben, aber nach einer Eingewöhnungszeit fing ich an, diese vier Stunden in Gottes Gegenwart zu lieben, ja sie sogar zu brauchen.

Keine Angst, um ein Fürbitter zu sein, musst du nicht vollzeitlicher Gebetshausmissionar werden. Ob du ein Fürbitter bist, hängt nicht von der Menge der Stunden ab, die du investierst, sondern von Gottes Berufung und deinem Ja dazu. Egal wie deine Fürbitte-Berufung aussieht, eines ist klar und gilt für uns alle: Gott ist nicht langweilig! Wenn wir uns im Gebet langweilen, dann liegt es daran, dass wir ihn noch nicht sehen. Wir bleiben dann im menschlich Machbaren stecken und versuchen aus eigener Kraft und aus unserem Verstand heraus zu beten. Davor ist auch ein Gebetshausmissionar nicht gefeit. Das müssen wir alle lernen und immer wieder vertiefen.

Gott ist nicht langweilig! Wenn wir uns im Gebet langweilen, dann weil wir ihn noch nicht sehen.

Gebet aus eigener Kraft, das in der sichtbaren Welt stecken bleibt, ist anstrengend und bleibt eindimensional. Das heißt, unser Gebet bewegt sich nur im sichtbaren Bereich dieser Welt. Es fühlt sich mehr wie eine Pflichterfüllung an. Man betet, weil man weiß, dass man beten soll, aber es ist eine trockene Angelegenheit. So soll Gebet nicht sein. Gib dich niemals damit zufrieden, dass deine Gebetszeiten alleine oder in der Gruppe langweilig und trocken sind.

Für Gebetszeiten, in denen wir alleine beten, und auch für Gebetszeiten in der Gruppe gilt eine Maxime: Immer dem Heiligen Geist und der Salbung hinterher!

WAS IST SALBUNG?

Im wörtlichen Sinne ist eine Salbung mit Öl gemeint. Seit der Zeit der altorientalischen Reiche ist die Salbung mit Öl ein religiöses Ritual der körperlichen Heilung und der Heiligung von Menschen oder Gegenständen für den Dienst für Gott. Oder auch ein Ritual der Übertragung und Legitimation politischer Macht, wie wir es zum Beispiel bei der Salbung von David zum König durch den Propheten Samuel sehen. Die Salbung mit Öl wird auch zur Übertragung geistlicher Autorität oder Heilungsgnade in den Sakramenten der Großkirchen verwendet. Im freikirchlichen Bereich sehen wir die Salbung mit Öl bei der Einsetzung in eine geistliche Aufgabe und auch beim Heilungs- und Segnungsgebet.

Man kann Salbung aber auch in einem übertragenen Sinn verwenden. Von Salbung spricht man, wenn man die geheiligte Atmosphäre in einer Versammlung meint oder die göttliche Autorität, die einem Nachfolger von Jesus oder einem geistlichen Leiter innewohnt und durch ihn wirkt. Salbung ist also gleichbedeutend mit der Gegenwart und dem Wirken des Heiligen Geistes, der einen Freiraum schafft, Gott zu begegnen. Es geht um die Kraft Gottes, die Präsenz und das Wirken des Heiligen Geistes.

Salbung ist das Wirken des Heiligen Geistes, der einen Freiraum schafft, Gott zu begegnen.

Für unsere Gebetszeiten bedeutet das, dass wir immer darauf achten werden, uns unter die Leitung und die Herrschaft des Heiligen Geistes zu begeben. Wir denken uns nicht selbst aus, was wir beten, sondern wir hören auf das Reden des Heiligen Geistes. Es ist wichtig, dass wir ein Gespür dafür entwickeln, wann und wo der Heilige Geist sich bewegt, und dann lernen, mit ihm zusammenzuarbeiten. Keine Angst, das ist nicht schwierig. Es ist viel einfacher, als wir denken. Und das Beste: Es ist auch viel einfacher, als aus eigener Kraft zu beten!

So wie alles in unserem Leben mit Gott in seinem Königreich für uns einfach ist, weil wir aus dem Empfangen von Gott leben und durch Glauben die Verheißungen Gottes vom Himmel auf die Erde ziehen können. Wir dürfen nicht vergessen, dass der Heilige Geist in uns wohnt und uns alles erklärt und uns an alles erinnert, was Gott gesagt hat. Wenn wir lernen, immer der Salbung hinterherzugehen und mitzubekommen, wo der Heilige Geist sich bewegt, wird unser Kleingruppengebet ins Schwarze treffen und dabei auch noch richtig Spaß machen.

ZWEI SCHLÜSSEL FÜR EFFEKTIVES KLEINGRUPPENGEBET

Topfschlagen …

Wie das geht, immer der Salbung auf der Spur zu sein und ihr hinterherzugehen, sehen wir wunderschön veranschaulicht durch das Topfschlagen-Spiel, das oft auf Kindergeburtstagen gespielt wird. Hier werden einem Kind mit einem Tuch die Augen verbunden. Es bekommt einen Kochlöffel in die Hand und muss auf allen vieren auf dem Boden krabbeln und versuchen, mit dem Kochlöffel auf den Topf zu schlagen, der vorher im Zimmer versteckt wurde.

Weil das Kind nichts sehen kann, ist es auf die Zurufe der anderen Kinder angewiesen, die das Kind mit den Worten »kalt, kälter, warm, wärmer, heiß« dirigieren. Wenn es dem Topf näher kommt, dann wird es »wärmer«. Es schlägt mit dem Kochlöffel auf den Boden und versucht den Topf zu ertasten. Wenn es dann ganz nahe am Topf ist, rufen die anderen Kinder »heiß!« und das Kind mit den verbundenen

Augen weiß, dass in seiner unmittelbaren Umgebung der Topf steht, auf den es schlagen muss. Wenn es dann den Topf getroffen hat, darf es das Tuch abnehmen und sich die Belohnung, die unter dem Topf versteckt ist, holen.

So ähnlich geht es uns auch, wenn wir anfangen zu beten. Wir sehen nicht sehr viel, wir sehen hauptsächlich das, was in der sichtbaren Welt stattfindet. Aber was wir sehen wollen, ist die unsichtbare Realität des Königreiches. Wir wollen sehen, wie Gott sieht. Wir wollen den Willen Gottes und die Anweisungen Gottes mitbekommen, wie wir hier beten können. Deshalb ist es wichtig, dass wir zuerst auf den Heiligen Geist hören und dann anfangen, das Gehörte auszubeten. Wir werden lernen zu spüren, wann es »wärmer« und »heißer« wird, und werden versuchen, immer der Salbung hinterherzugehen, so wie beim Topfschlagen.

Beim Kleingruppengebet kommt es darauf an, dass wir als Gruppe gemeinsam der Salbung hinterherjagen. Wenn man alleine betet, ist es auch wichtig zu lernen, die Salbung zu identifizieren. Aber alleine können wir beten, wie wir möchten, wir können auch hin und her springen mit den Themen, das spielt keine Rolle, denn wir sind im Zwiegespräch mit dem Herrn. Aber bereits wenn man zu zweit beten möchte, wird es wichtig, dass man gemeinsam in die gleiche Richtung geht. Hier sind wir auf die Führung des Heiligen Geistes im Gebet angewiesen. Also fahrt in der Gebetsgruppe eure geistlichen Antennen aus und lernt, gemeinsam mitzubekommen, wann der »Kochlöffel den Topf getroffen hat«, oder zumindest, in welcher Richtung es »wärmer« wird. Tauscht euch immer wieder während der Gebetszeit aus, und teilt es den anderen mit, wenn ihr wahrgenommen habt, dass es »heißer« wurde.

Beim Gruppengebet kommt es darauf an, dass wir gemeinsam der Salbung hinterherjagen.

… und Holzhacken

Wenn wir die Salbung wahrgenommen haben, dann kommt die zweite Komponente ins Spiel: Holzhacken. Stell dir vor, ihr als Gruppe habt die Aufgabe, einen am Boden liegenden Holzstamm durchzuhacken, und jeder von euch hat eine kleine Axt. Zielführend und effektiv ist es, wenn jeder mit seiner Axt in dieselbe Kerbe haut.

Holzhacken ist eine Tätigkeit, die aus kurzen, kraftvollen Schlägen besteht, im Gegensatz zum Sägen, wo man länger an einer Stelle herumsägt. Aber wir sind ja ein Team, und jeder soll sich beteiligen können und nicht einer Person beim Sägen zusehen. Wenn wir »Holz hacken«, dann müssen die Beter sich nicht nach jedem Gebet des vorherigen Beters etwas Neues ausdenken. Wenn klar ist, in welche Kerbe wir schlagen, wird man eine Zeit lang immer wieder das Gleiche beten. Wir bestätigen einfach das, was der Beter vor uns gebetet hat. Wir bleiben so lange dran, bis wir den Eindruck haben, dass wir durch sind. Dann können wir zum nächsten Gebetspunkt weitergehen.

In einer gemeinschaftlichen Gebetszeit geht es darum, dass alle in dieselbe Kerbe schlagen, die zuvor als »heiß« identifiziert worden ist. Das geht am besten mit kurzen Gebeten. Gerade, wenn man sich als Gebetsteam neu findet, ist es wichtig, sich kurz zu halten. Später, wenn man gut geübt ist und leichter herausfindet, wo die Salbung ist, kann man auch wieder länger beten, solange es gesalbt ist. Ich schlage vor, dass jeder maximal drei Sätze betet. Betet lieber öfter. Werft euch gegenseitig den Ball zu.

Es ist schwierig, am Ball zu bleiben, wenn einer sehr lange betet. Mir ist es selber schon oft so gegangen, dass ich in einer Gebetszeit einen Impuls hatte, für den ich beten wollte. Aber weil der Beter vor mir zu lange gebetet hat und sich vom »heißen« Thema wieder wegbewegt hat, ist mir entfallen, was ich beten wollte. Die Gefahr beim langen Beten ist, dass man sich durch sein langes Gebet vom Salbungsbereich wieder entfernt und ein anderes Thema anschneidet, das nicht »heiß« ist. Wenn das passiert, ist es auch nicht so schlimm, wir sind ja alle am Lernen. Aber vielleicht könntet ihr das nach der Gebetszeit noch mal aufgreifen und zusammen überlegen, wann die Salbung stark da war und wo jemand angefangen hat zu »sägen«, anstatt »Holz zu hacken«.

In einer gemeinschaftlichen Gebetszeit geht es darum, dass alle in dieselbe Kerbe schlagen.

Ich weiß, die Versuchung ist groß, weiterzubeten, wenn man die Salbung spürt. Aber um an der Salbung dranzubleiben, ist es wichtig, sich zu disziplinieren und aufzuhören, wenn man seinen »Axtschlag« gemacht hat. Deshalb betet also lieber öfter und kurz. Ihr werdet sehen, dass das den Salbungsfluss verstärkt und dass ihr euch länger gemeinsam in einem Flow des Heiligen Geistes bewegen könnt.

Es kann auch sein, dass wir in einer Gebetsgruppe sehr geübte Beter haben, die auch alleine viel beten und dann ihren gewohnten Stil, wie sie allein beten, in die Gruppe bringen. Das ist für die Gruppe aber leider nicht hilfreich. Wenn einer alleine ist, spielt es keine Rolle, wie lange er betet. Aber sobald eine Gruppe zusammen ist, geht es darum, möglichst die ganze Gruppe ins Boot zu holen und am Gebet zu beteiligen. Nicht sägen, sondern Holz hacken!

Wenn wir uns alle disziplinieren und kurz beten, dann kann sich auch jemand leichter einklinken, der noch neu im Gebet ist. Denn für viele ist es schwierig, in einer Gruppe frei zu beten, wenn sie es nicht gewöhnt sind. Sie werden es sehr viel leichter haben, wenn klar kommuniziert ist, in welche Richtung es geht und wo die aktuelle Kerbe im »Holzstamm« ist, den wir zusammen durchhacken wollen.

Beten lernt man durch Beten. Jede Gebetsgruppe ist zugleich auch ein Ausbildungsort für Beter, deshalb sind Vor- und Nachbesprechungen hilfreich, um gemeinsam im Gebet zu wachsen.

Sobald eine Gebetsgruppe aus drei oder mehr Personen besteht, ist es sinnvoll, wenn jemand die Gebetszeit und die Gruppe leitet.

EINE GEBETSGRUPPE LEITEN

Jetzt wird es konkret. Wie leitet man eine Gebetsgruppe? Mir sind folgende Begriffe wichtig geworden, wenn es um das Leiten von Gebetsgruppen geht: Briefing, Thema, Kreativität, Struktur und Debriefing.

Briefing

Der Begriff kommt aus dem Englischen und bedeutet so viel wie eine kurze Einweisung oder Lagebesprechung. Zum Start erkläre kurz die Gebetskultur der Gruppe, erinnere sie an Topfschlagen und Holzhacken. Wenn neue Beter dabei sind, mach dir die Mühe, es etwas ausführlicher zu erklären. Denke daran, dass jede Gebetsgruppe zugleich auch ein Ausbildungsort für Beter ist. Ermutige die Beter, ihre geistlichen Antennen auszufahren und mit zwei Ohren zu hören: mit einem Ohr auf Gottes Reden und Führung zu achten und mit dem anderen auf die Gebete der anderen Beter, damit alle gut mitbekommen, wo die Salbung gerade ist.

Bete kurz für die Gebetszeit und die Beter, öffnet euch gemeinsam für das Reden und Wirken des Heiligen Geistes und stellt euch dem Heiligen Geist zur Verfügung. Achte als Leiter darauf, dass Einheit in der Gruppe ist. Stellt euch bewusst zusammen und macht einen Schulterschluss, indem ihr euch tatsächlich Schulter an Schulter aufstellt und damit sichtbar macht, dass ihr eine Einheit seid und nichts zwischen euch kommen darf.

Thema

Vielleicht habt ihr eure Gruppe gegründet, um für ein bestimmtes Thema zu beten. Wenn es nicht so ist, empfehle ich euch, den Herrn gemeinsam zu fragen, ob es ein oder mehrere Mandate gibt, die der Herr euch als Gebetsgruppe anvertraut. Das wären dann längerfristige Themen. Mandate können auch einmal wechseln, aber nicht jede Woche, sondern eher alle sechs Monate oder einmal im Jahr. Da könnt ihr dann wieder schauen, ob es bei den Mandaten bleibt oder ob der Schwerpunkt sich verschiebt. Wenn das Thema feststeht, gibt es trotzdem viele Aspekte des Themas, für die man beten kann. Wenn ihr zum Beispiel für Deutschland betet, könnt ihr für die Regierung beten, für den Leib Christi in Deutschland, für bestimmte Bevölkerungsgruppen, für bestimmte Bereiche der Gesellschaft, für bestimmte Städte oder Bundesländer, für bestimmte Altersgruppen und so weiter.

Es ist normalerweise die Aufgabe des Leiters, sich im Gebet auf das Treffen vorzubereiten und schon etwas von Gott gehört zu haben, in welche Richtung es gehen soll. Alternativ kannst du auch die Gebetszeit oder einen Teil der Gebetszeit damit eröffnen, dass ihr gemeinsam von Gott hört und Eindrücke für das Thema sammelt. Dann könnt ihr die Eindrücke ordnen und habt so einen Fahrplan für die Gebetszeit.

Kreativität

Seid kreativ, was die Gestaltung der Gebetszeit betrifft. Es muss nicht jedes Mal gleich ablaufen. Wenn ihr für eine bestimmte Nation betet, dann besorgt euch eine Flagge der Nation und legt sie in die Mitte. Ihr könnt euch auch einen Ausschnitt aus einem YouTube-Video über die Nation anschauen. Bilder, typische Gewürze, Stoffe, Musikinstrumente und vieles mehr können euch einen leichteren Zugang geben. Wenn ihr für bestimmte Menschen betet, besorgt euch ein Foto der Person, ihrer Familie, ihres Dienstes und legt es in die Mitte.

Visualisieren hilft euch, Zugang zu den geistlichen Realitäten zu bekommen. Meine Kollegen vom Kingdom-Impact-Gebetshaus sind Meister darin, Gebetszeiten kreativ zu gestalten. Zum Beispiel könnt ihr auf die Flagge der Nation, für die gebetet wird, ein Herz als Symbol der Liebe des Vaters legen oder ein goldenes, durchsichtiges Tuch als Symbol für die Herrlichkeit Gottes. Verbindet Lobpreis mit der Fürbitte und singt Wahrheiten aus Gottes Wort über der Person, der Stadt, der Nation aus. Wenn ihr keinen musikalischen Menschen im Team habt, dann sucht euch ein oder mehrere Lobpreislieder auf YouTube aus, die ihr dann zusammen singt.

Findet Verheißungen in Gottes Wort, mit denen ihr für das Anliegen beten könnt. Viele Anregungen dafür findet ihr zum Beispiel im *Gebetsbuch für die Ernte* von Monika Flach[15] oder in dem Buch *Beten von Verheißungen* von Sonja Sorbara.

Plant auch immer wieder Zeiten ein, in denen ihr prophetisch hört, was Gott zu der betreffenden Person, dem Dienst, dem Land, der Stadt oder der Situation zu sagen hat. Schreibt eure Eindrücke auf. Wenn ihr für bestimmte Menschen oder Leiter betet, dann könnt ihr die Eindrücke auch weitergeben mit der Bitte, sie zu prüfen und das Gute zu behalten. Beim Hören von Gott für andere ist es hilfreich, nicht nur Worte von Gott zu erwarten, sondern auch Bilder. Oft berühren Bilder viel mehr als nur Worte, weil sie uns auf mehreren Ebenen ansprechen.

Struktur

Es ist immer gut, einen strukturierten Plan zu haben und sich dann vom Heiligen Geist leiten zu lassen. Nicht alle Gebetszeiten sind spektakulär und außergewöhnlich. Sie können trotzdem geistgeleitet und kraftvoll sein. Die Struktur zu verlassen ist nicht unbedingt ein Qualitätsmerkmal der Gebetszeit. Der Heilige Geist hat euch ja schon bei der Vorbereitung geleitet. Achtet einfach darauf, dass ihr immer der Salbung hinterhergeht, dann habt ihr ins Schwarze getroffen. Meine Empfehlung ist es, immer eine Zeitangabe zu machen. Es hilft meiner Erfahrung nach der Gruppe, am Ball zu bleiben.

Wenn man zum Beispiel sagt: »Wir beten jetzt zehn Minuten für diesen Unterpunkt«, kann diese zeitliche Struktur den Betern helfen, sich mit ganzer Kraft auf ein Gebetsanliegen einzulassen, weil sie wissen, dass nur zehn Minuten lang für genau diesen Punkt gebetet wird. Wenn sie nicht wissen, wie lange für ein bestimmtes Anliegen gebetet wird, werden sich manche zurückhalten und in den Sparmodus gehen, damit ihnen nicht die Kraft ausgeht und sie nicht nach fünf Minuten schon ihr Pulver verschossen haben. Denn sie wissen ja dann nicht, wie lange sie durchhalten müssen.

Nicht alle Gebetszeiten sind spektakulär und außergewöhnlich.

Deshalb hat es sich bewährt, die großen Gebetsanliegen in kleinere Unterpunkte zu untergliedern und für jeden Unterpunkt ca. fünf bis zehn Minuten zu beten. Bleibt dann für diese festgelegte Zeit strikt an genau diesem Punkt. Wenn es gerade »heiß« ist und die Gruppe sich in einem Flow befindet, könnt ihr natürlich auch länger als zehn Minuten an dem betreffenden Unterpunkt dranbleiben. Aber oft ist es nach zehn Minuten durch und man kann zum nächsten Unterpunkt weitergehen. Das merkt man dann meist daran, dass keiner mehr für das Anliegen betet und somit in der ganzen Gruppe das Empfinden da ist, dass der Punkt erledigt ist.

Der Gebetsleiter sollte darauf achten, dass er klar kommuniziert, damit jeder genau weiß, um was es gerade geht. Dazu gehört auch, dass der Leiter es ausspricht, wenn er Salbung wahrnimmt, und die Gruppe auffordert, jetzt genau in diese Kerbe zu schlagen. Wenn jemand mit seinem Gebet in eine andere Richtung abschweift, ist es die Aufgabe des Leiters, liebevoll wieder zu dem Thema zurückzuführen, auf dem die Salbung liegt.

Debriefing

Trefft euch am Ende der Gebetszeit noch einmal als ganze Gruppe, um die Gebetszeit zu reflektieren und zu analysieren. Die wichtigsten Fragen dabei sind: Wo war die Salbung besonders stark zu spüren? Wo haben wir ins Schwarze getroffen? Wo waren wir als Gruppe im Flow des Heiligen Geistes? Was hat gut funktioniert? Wo hat noch etwas gefehlt? Hat jemand Ideen für das nächste Mal? Was könnte man einmal ausprobieren?

Es soll auf keinen Fall darum gehen, ob jemand etwas falsch gemacht hat, denn beim Beten geht es nicht um Richtig oder Falsch, sondern um eine Begegnung mit Gott. Da jede Gebetsgruppe auch ein Ausbildungsort für Beter ist, wollen wir gemeinsam wachsen und lernen.

Aktivierung

BEREITE EINE GEBETSZEIT FÜR EINE GEBETSGRUPPE VOR.

Wenn du keine feste Gebetsgruppe hast, dann suche dir mindestens eine Person, mit der du deine vorbereitete Gebetszeit durchführen kannst.

Entscheide dich für ein Thema, das dir wichtig ist und das dein Herz berührt. Schreibe es auf:

Forsche über dieses Thema nach, sammle Fakten, Zahlen, Bilder.

Werde kreativ und überlege dir, wie du dieses Thema visualisieren kannst.

Strukturiere dein Gebetsanliegen und unterteile jeden Punkt in 5- bis 10-minütige Unterpunkte.

Dann vereinbare eine Gebetszeit mit deiner mitbetenden Person oder der Gruppe und genießt eine kreative und kraftvolle Gebetszeit. Immer der Salbung hinterher!

Viel Freude beim Beten!

AUF DEN PUNKT

Gemeinschaftliche Gebetszeiten können effektiv sein und richtig Spaß machen. Wenn wir in der Gruppe beten, ist es wichtig, dass jeder sich beteiligen kann. Am wichtigsten ist es, dass wir immer der Salbung hinterhergehen. Wir können lernen mitzubekommen, wenn der Heilige Geist sich bewegt und wenn unser Gebet ins Schwarze getroffen hat. So wie beim Topfschlagen, wenn es »heiß« wird und der Kochlöffel den Topf getroffen hat.

Damit wir effektiv beten, sollten wir als Gruppe mit kurzen kraftvollen Gebeten immer wieder in dieselbe »Kerbe« schlagen, bis wir den Eindruck haben, dieser Gebetspunkt ist durch. Zeitliche Strukturen vorzugeben kann der Gruppe helfen, mit ganzer Kraft bei der Sache zu bleiben. Vor- und Nachbesprechungen helfen uns, gemeinsam zu wachsen, denn jede Gebetsgruppe ist zugleich ein Ausbildungsort für Beter.

15

Gebetsspaziergänge

» Jeden Ort, auf den eure Fußsohle treten wird – euch habe ich ihn gegeben, wie ich zu Mose geredet habe.
Josua 1,3

Gebetsspaziergänge, auf Englisch *Prayerwalks*, sind eine tolle Möglichkeit, Fürbitte und geistlichen Kampf direkt dort durchzuführen, wo ein Durchbruch passieren soll. Zum Beispiel vor einem evangelistischen Einsatz an verschiedenen Orten der Stadt, an denen Teams aktiv werden, oder direkt am Veranstaltungsort. In deiner Nachbarschaft oder an dem Ort, wo eine wichtige Konferenz stattfinden soll, ganz egal, ob es eine christliche oder eine politische Konferenz ist.

Durch Fürbitte bereiten wir das Land vor, in dem der Herr sich bewegen möchte.

Durch Fürbitte bereiten wir geistlich gesehen das Land vor, in dem der Herr sich bewegen möchte. Wir haben ja schon ausführlich darüber gesprochen, dass unser Körper eine geistliche Waffe oder ein geistliches Werkzeug ist, das wir Gott zur Verfügung gestellt haben. Alles, was wir mit dem Körper tun, hat geistliche Auswirkungen.

Wenn wir ein Land betreten, betreten wir gleichzeitig das natürliche, sichtbare Land und das geistliche, unsichtbare Land, in dem Menschen noch unter der Herrschaft der Finsternis sind. Wir sind die Botschafter des Königreiches Gottes, und wo wir hingehen, bringen wir das Königreich mit. Es geht gar nicht anders. Auch wenn es uns nicht bewusst ist: Wir sind nie mehr ohne den Herrschaftsbereich Gottes, in den wir hineinversetzt worden sind, unterwegs. Wir bringen die Königsherrschaft Gottes mit uns mit. Das Reich Gottes ist immer um uns herum, und wo wir hingehen, kommt das Reich Gottes mit.

Umso besser, wenn wir bewusst im Glauben einen Gebetsspaziergang machen und den Herrschaftsbereich Gottes auf der Erde durchsetzen. Das können und sollen wir tun, weil Jesus, der König, und dazu seine ganze Autorität und der gesamte Himmel mit uns gehen. Jesus hat uns gelehrt zu beten, dass das Reich unseres Vaters auf die Erde kommen und sein Wille auf der Erde geschehen soll, so wie im Himmel. Wenn wir mit unserer Berufung und Salbung irgendwo hingehen und das Land segnen und das Reich Gottes bringen, reagiert das Land – wenn auch zunächst vielleicht nur hinter den Kulissen im Unsichtbaren. Aber es wird sich früher oder später auch im sichtbaren Bereich zeigen.

Manchmal zeigt sich die Reaktion des Landes darin, dass wir Gegenwind erleben. Kein Wunder, wenn das Reich des Lichts auf das Reich der Finsternis trifft. Davon lassen wir uns aber nicht beirren, denn der Apostel Johannes schreibt in seinem ersten Brief, dass der, der in uns ist, größer ist als der, der in der Welt ist (1. Johannes 4,4). Gebetsspaziergänge sind eine sehr ganzheitliche Form der Fürbitte, die erstaunliche Resultate bringt.

GEBETSSPAZIERGÄNGE IN DER NACHBARSCHAFT

Wie schön wäre es, wenn sich unsere Nachbarn für Jesus öffnen würden. Wenn in unserer Straße Ehen und Familien Schutz und Segen erleben würden und die Scheidungsrate sinken würde.

Wenn an dieser einen Stelle im Park keine zerbrochenen Alkoholflaschen mehr liegen würden, die davon Zeugnis geben, dass junge Menschen in unserer Nachbarschaft keine gute Freizeitgestaltung haben. Wenn keiner mehr die Hauswände mit hässlichen Schmierereien beschmutzen würde, sondern stattdessen Nachbarschaftsfeste stattfinden würden und Zusammenhalt da wäre. Wie wäre es, wenn wir unseren Auftrag annehmen würden, die geistliche Atmosphäre in unserer Nachbarschaft zu verändern, indem wir beten? Und zwar sowohl bei uns zu Hause als auch draußen direkt vor Ort. Wenn wir vor Ort beten, beten wir und betreten gleichzeitig als Botschafter des Königreiches das physische Land. Alle die oben genannten Dinge könnten wahr werden, wenn Fürbitter ihren Auftrag ernst nähmen, mit Christus im Leben zu herrschen und durch Glauben den Himmel auf die Erde zu ziehen.

Wir sind das Salz der Erde und das Licht der Welt, sagt Jesus (Matthäus 5,13-14). Man braucht nicht besonders viel Salz, um einen großen Topf Wasser salzig zu machen. Ein kleines Teelicht reicht aus, um einen stockfinsteren Raum wenigstens so hell zu machen, dass man sich darin orientieren kann. Man sieht dann wieder, wo Möbel stehen, und kann im Raum herumlaufen, ohne sich blaue Flecken zu holen. Diesen Effekt hat der Leib Christi auf die Gesellschaft. Auch wenn wir nicht die Mehrheit sind, reicht unser Licht dafür aus, dass die Menschen sich wenigstens ein bisschen orientieren können.

> Das Wichtigste für uns als Salz und Licht der Welt ist, dass wir mitbekommen, wo offene Türen sind.

Das Wichtigste für uns als Salz und Licht der Welt ist, dass wir geistlich wach sind und mitbekommen, was der Herr tut und wo offene Türen sind. Und dass wir dann natürlich auch auf die Impulse des Heiligen Geistes reagieren. Im hörenden Gebet durch die Nachbarschaft zu gehen, ist eine wunderbare Möglichkeit, die geistliche Atmosphäre positiv zu verändern. Man kann alleine oder zu zweit Gebetsspaziergänge machen. Dabei schauen wir mit den Augen des Geistes, nicht nur mit den natürlichen Augen. Was wir sehen wollen, ist die aktuelle Situation, aber auch, was der Herr vorhat zu tun.

Wir beten und segnen die Menschen, an denen wir vorbeilaufen. Wir sprechen das Wort Gottes segnend über die Nachbarschaft aus. Wir schauen im Geist, ob wir Häuser des Friedens identifizieren können, und segnen diese besonders. Wir rufen das Reich Gottes aus und proklamieren die Herrschaft Jesu. Wenn man zu zweit ist, kann man in Gesprächslautstärke einfach zusammen beten und sich austauschen. Alleine sollte man vielleicht besser nur innerlich beten. Aber in jedem Fall kann man die Nachbarschaft im Geist kennenlernen und wahrnehmen, wie die Atmosphäre sich von Haus zu Haus und von Straße zu Straße verändert.

Meine übliche Gebetsspazierstrecke führt durch den Park, vorbei an einem Spielplatz, entlang des Flusses. Bei meiner Runde komme ich an Wiesen vorbei, auf denen Familien und Freunde sich lagern, um zu grillen. Ich laufe an Beachvolleyball, Tischtennis und Outdoorfitness-Studios vorüber, und auf dem Weg zurück komme ich über eine Straße mit Einfamilienhäusern. Es ist interessant wahrzunehmen, wie sich die Atmosphäre an verschiedenen Stellen anders anfühlt. Wie manche Häuser einen Frieden ausstrahlen, andere eher finster sind – auch wenn sie äußerlich schön aussehen.

Ich laufe als Botschafterin des Königreiches an den Menschen und Häusern vorbei und segne sie. Ich mache mir bewusst, dass ich hier nicht alleine herumlaufe, sondern dass ich mich im Königreich Gottes aufhalte und dieses mit mir unterwegs ist. Dass mein König da ist und die Heerscharen seiner Engel. Dass ich Licht und Salz bin und dass es jetzt gerade ein bisschen heller wird, wenn ich vorbeikomme. Ich bete, dass Menschen Klarheit bekommen und Gnade zur Umkehr von Wegen der Mühsal und dass sie eine Begegnung mit dem Vater aller Vaterschaft haben werden. Ich bete, dass die Wohlhabenden sich nicht mit Äußerlichkeiten zufriedengeben, sondern ihren Schöpfer kennenlernen und ihre ewige Berufung erkennen.

John Dawson, der ehemalige Leiter von Jugend mit einer Mission, Bibellehrer und Bestsellerautor, wohnte sehr viele Jahre mit seiner Familie in einem sozialen Brennpunkt in Los Angeles, der geprägt war und ist von Verzweiflung, Hoffnungslosigkeit und Entmutigung. Er war entschlossen, durch Fürbitte das Königreich Gottes mitten in diese Finsternis voller Kriminalität, Drogen und Gewalt zu bringen. In seinem Buch *Unsere Städte für Gott gewinnen* schreibt er:

» Meine Mitarbeiter und ich machten vor mehreren Jahren einen Gebetsmarsch in unserer Nachbarschaft. Wir blieben vor jedem Haus stehen, geboten dem Werk Satans in Jesu Namen und beteten für eine Offenbarung Jesu im Leben jeder einzelnen Familie. Wir beten immer noch. Es ist noch ein langer Weg, aber soziale, wirtschaftliche und geistliche Veränderungen werden sichtbar. Es gab Zeiten, da zerbrach meine Seele fast unter dämonischer Bedrückung. Ich erhielt eine Morddrohung. Meine Autoreifen wurden aufgeschlitzt. Der Anblick mit Brettern vernagelter Häuser, arbeitsloser Jugendlicher und kaputter Familien hat mich oft deprimiert, aber ich war entschlossen, nicht wegzulaufen. Heute gibt es in dem Häuserblock, in dem ich wohne, mindestens neun christliche Familien, und der Friede des Herrn ist spürbar. Der äußere und innere Verfall dieser Gegend ist zum Stillstand gekommen.

> Die Leute renovieren ihre Häuser und ein Gefühl der Gemeinschaft entsteht unter den christlichen Familien. Der Kampf ist durchaus real. … Jeder von uns steht in seiner näheren Umgebung dämonischen Mächten gegenüber, aber als Christen sind wir zu einem viel größeren Kampf berufen. Wir kämpfen für unsere gesamte Generation. Wir sind berufen, lokal zu handeln, aber global zu denken.[16]

Fürbitter, die geistlich wach sind und auf die Impulse des Heiligen Geistes reagieren, haben eine gewaltige geistliche Autorität. Wir sind die Botschafter des Königreiches, das Licht und das Salz der Erde. Wir sind beauftragt zu beten, dass das Reich Gottes auf die Erde kommt, auch in unsere Städte, in unsere Wohnviertel, zu unseren Nachbarn. Wir sollen beten, dass der Wille Gottes wie im Himmel so auf Erden geschieht. Gott nimmt uns ernst, es wird Zeit, dass auch wir uns ernst nehmen!

Gott nimmt uns ernst, es wird Zeit, dass auch wir uns ernst nehmen.

Im *Gebetsbuch für die Ernte* schreibt Monika Flach:

> » Wenn sich jeder Christ für seine Nachbarschaft und Umgebung verantwortlich hält, dann werden wir nicht mehr nur auf einberufene Aktionen und Veranstaltungen warten, sondern ganz selbstverständlich für das Land beten und unsere geistlichen Augen und Ohren offenhalten, ob Gott uns etwas zeigen und sagen möchte – beim Autofahren, Einkaufen, auf dem Weg zum Bus, zur Arbeit und zur Schule.[17]

Was für eine große Veränderung kann es in unserer Umgebung bewirken, wenn wir unsere Autorität im Gebet ernst nehmen und geistlich wach sind!

Aktivierung

EINEN GEBETSSPAZIERGANG DURCH DEINE NACHBARSCHAFT MACHEN

Hast du jetzt Vorfreude bekommen, deine Nachbarschaft im Geist kennenzulernen und durch deine Fürbitte den Himmel in deine Nachbarschaft herunterzuziehen?

Such dir entweder eine zweite Person oder geh alleine durch deine Nachbarschaft. Nimm dir dieses Buch mit und schreibe hier auf, was du für Eindrücke vom Herrn bekommst.

Vielleicht gibt Gott dir spezifische Bibelverse für bestimmte Häuser, Straßen oder Familien. Beachte besonders Häuser, die Frieden ausstrahlen, und bete für die Bewohner darin. In Häusern des Friedens sind höchstwahrscheinlich Menschen, die offen sind für das Evangelium oder die schon mit Jesus leben. Segne diese besonders. Vielleicht sendet dich der Herr einmal dorthin, um Kontakt aufzunehmen. Oder du begegnest den Bewohnern beim Einkaufen oder beim Spazierengehen.

Wenn du Orte antriffst, die eine hoffnungslose Atmosphäre ausstrahlen, bitte den Herrn um ein spezifisches Wort oder frage ihn, was du hier in seinem Namen vom Himmel freisetzen kannst. Vielleicht Freude oder Frieden oder auch etwas ganz anderes.

Viel Freude beim Erobern deines Landes, du Botschafter des Königreiches Gottes!

DAS LAND HEILEN

» Wenn ich den Himmel verschließe und kein Regen fällt oder wenn ich der Heuschrecke gebiete, das Land abzufressen, und wenn ich eine Pest unter mein Volk sende, und mein Volk, über dem mein Name ausgerufen ist, demütigt sich, und sie beten und suchen mein Angesicht und kehren um von ihren bösen Wegen, dann werde ich vom Himmel her hören und ihre Sünden vergeben und ihr Land heilen.
2. Chronik 7,13-14

Wenn Menschen ohne Gott leben und wenn sie die letzte Instanz sind, die sagen darf, was gut und was böse ist, leidet das Land. Damit ist gemeint, dass sowohl das natürliche, sichtbare Land als auch das geistliche Land Mangel und Schaden erfährt. In Kapitel 9 und 10 haben wir über Identifikation und stellvertretende Buße gesprochen und über die Dinge, die ein Land verunreinigen: Sünde, Bündnisbrüche, Blutvergießen, Gewalt, Götzendienst, Unreinheit. Vielleicht begegnen euch solche Dinge in eurer Stadt oder sogar in eurer Nachbarschaft. Möglicherweise gibt euch Gott Gebetsaufträge, und ihr könnt dazu beitragen, durch stellvertretende Buße und prophetische Handlungen das Land zu heilen.

Ich war einige Jahre Teil eines internationalen Fürbitte-Teams. Wir reisten an verschiedene Orte in Europa, wo der Herr Aufträge für uns hatte. Manchmal sollten wir auch konkrete Dinge tun, um das Land zu reinigen. Einmal zum Beispiel trug uns der Herr auf, Wein auszugießen als Zeichen, dass das Blut von Jesus vergossen wurde, um Sünden zu vergeben. Prophetische Handlungen sind nicht nur symbolische Handlungen, sondern übertragen geistliche Kraft in die sichtbare Welt. Das sehen wir sehr deutlich beim Abendmahl. Hier kommen sichtbare Materie und Kraft Gottes zusammen.

In 2. Könige lesen wir die Geschichte von dem Propheten Elisa, der verdorbenes Trinkwasser wieder trinkbar machte, indem er Salz hineinwarf und über dem Wasser prophezeite.

» Und die Männer der Stadt sagten zu Elisa: Sieh doch, die Lage der Stadt ist gut, wie mein Herr sieht. Aber das Wasser ist schlecht, darum kommt es im Land zu Fehlgeburten. Da sagte er: Bringt mir eine neue Schale und tut Salz hinein! Und sie brachten sie ihm. Und er ging hinaus zu der Quelle des Wassers, warf das Salz hinein und sagte: So spricht der Herr: Ich habe dieses Wasser gesund gemacht. Nicht mehr soll Tod und Fehlgeburt daraus entstehen. Und das Wasser wurde gesund bis auf diesen Tag nach dem Wort, das Elisa geredet hatte.
2. Könige 2,19-22

Das war ein Wunder Gottes. Die Kraft Gottes, das Wasser trinkbar zu machen, wurde freigesetzt durch das Salz, das Elisa in die Quelle warf, zusammen mit seinem Glauben, mit dem er das von Gott empfangene Wort aussprach.

Lasst uns lernen, offen zu sein für die Führung Gottes, auch wenn sie manchmal etwas außergewöhnlich ist. Die Bibel ist voll von Beispielen, wie prophetische Handlungen in der sichtbaren Welt die Kraft Gottes aus der unsichtbaren Welt des Himmels auf die Erde gebracht haben.

AUF DEN PUNKT

Gebetsspaziergänge sind eine ganzheitliche Form der Fürbitte. Wir betreten als Botschafter des Königreiches das Land und schauen mit den Augen des Geistes, was Gott tun will. Wir segnen die Menschen und gehen bewusst als Salz und Licht der Welt durch die Straßen. Wir empfangen Worte Gottes und Strategien, um die Atmosphäre positiv zu verändern, damit Menschen sich öffnen können für das Evangelium. Mit Gebetsspaziergängen bereiten wir das Land vor für das Wirken Gottes. Eventuelle Gebetsaufträge, die helfen, das Land zu heilen, greifen wir auf und führen sie im Glauben aus.

EIN WORT ZUM SCHLUSS

Beim Schreiben dieses Buches bin ich selbst immer wieder ins Staunen über Gottes wunderbaren Masterplan gekommen. Über die Würde, die Gott uns Menschen gibt, indem er uns mit hineinnimmt in seine Weltregierung und uns teilhaben lässt an seinen Gedanken und Plänen.

Ich bete und glaube, dass Menschen sich auch durch dieses Buch rufen lassen, in den Riss zu treten und Fürbitter zu werden. Menschen, die das Herz Gottes kennen- und verstehen lernen und durch Glauben den Himmel auf die Erde ziehen.

Möge der Geist des Gebets und des Flehens ausgegossen werden über uns, damit wir mit dem Feuer des Heiligen Geistes beten können. Damit wir Beter werden, die immer der Salbung hinterhergehen, die sich vom Heiligen Geist leiten lassen und seinen Impulsen gehorsam folgen.

Mögen wir die herrlichen Schätze des Gebets immer mehr erforschen und heben, damit der Wille Gottes auf Erden geschieht, so wie auch im Himmel.

Mögen die Father Nashs dieses Jahrhunderts hervorkommen, die ganze Städte und Nationen im Geist zur Geburt bringen.

Möge der Herr Menschen finden, die beständig beten und wachen, die Freunde Gottes sind und die nichts mehr lieben als seine Gegenwart.

Steht auf, ihr Krieger des Lichts, ihr werdet gebraucht!

ANMERKUNGEN

1 Zit. n. Peter Zimmerling: Einleitung, in: Martin Luther: Wie man beten soll. Für Meister Peter den Barbier, hg. von Ulrich Köpf/Peter Zimmerling, Göttingen 2022, S. 9-36, hier S. 21.

2 Rolf Zuckowski: Rolfs Weihnachts-Klavierkinderalbum. 14 beliebte Lieder, Hamburg 1999, S. 7.

3 Teresa von Ávila: Der Weg der Vollkommenheit, in: dies.: Werke und Briefe. Gesamtausgabe, Bd. 1: Werke, hg. und übers. von Ulrich Dobhan/Elisabeth Peeters, Freiburg im Breisgau 2015, CE 48,2, S. 1002.

4 Vgl. auch das Kapitel »Der Schlüssel: Empfangen lernen«, in: Elke Mölle: Erfüllt. Entdecke das Leben, für das du gemacht bist, Holzgerlingen [2]2022, S. 102-126.

5 Wenn wir in Bezug auf Gott von Intimität reden, meinen wir immer eine Beziehung von Geist zu Geist, von Herz zu Herz, und keinesfalls eine körperliche Beziehung, wie sie zwischen Eheleuten stattfindet.

6 Michael H. Yeager: Daniel Nash. A Man Mighty In Prayer/The Key to Revival, o. O. 2019, S. 5-6 (Übersetzung der Autorin).

7 Flach: Gebetsbuch für die Ernte, S. 83.

8 Vgl. ebd., S. 89.

9 John Dawson: Unsere Städte für Gott gewinnen, Biel 1991, S. 39.

10 Alistair Petrie: Den Himmel auf Erden freisetzen. Gottes Prinzipien für die Wiederherstellung des Landes, Solingen 2002, S. 249-252.

11 Download auf www.kingdomimpact.org.

12 Für alle, die es nachhören wollen: https://www.youtube.com/watch?v=bP9_bcDPW28 (zuletzt aufgerufen am 06. 03. 2023).

13 Ed Silvoso: Strongholds. What they are and how to pull them down, Bloomington (Minnesota) 2018, S. 128 (Übersetzung der Autorin).

14 Vgl. Pete Greig: Dirty Glory. Gebetserhörungen an vorderster Glaubensfront heute, Lüdenscheid 2017, S. 75-86.

15 Flach: Gebetsbuch für die Ernte.

16 Dawson: Unsere Städte, S. 27-28.

17 Flach: Gebetsbuch für die Ernte, S. 90-91.

Platz für Notizen

Ulrich Wendel (Hrsg.),
Daniela Bernhardt-Lohfink (Hrsg.)

Neues Leben. Die Bibel zum Beten

In dieser Neues-Leben-Bibel sind alle Gebete im Bibeltext farbig gedruckt – und das sind weit mehr als die 150 Psalmen! Für jeden Tag des Jahres ist ein Gebet der Bibel ausgesucht: eine Einübung zum Beten mit Worten der Heiligen Schrift. Plus Mehrwert-Texte, Praxistipps etc.

Gebunden, 14 × 21 cm, 1600 S.,
mit 16 Seiten Kartenmaterial
Nr. 227.002.029, ISBN: 978-3-417-02029-8

Daniel Harter
WACHSENDE
Anbetung
Die Gemeinde
in tiefen Lobpreis führen